하나님, 제가 듣겠습니다

하나님, 제가 듣겠습니다

초판 1쇄 발행	2022년 12월 15일
지은이	이혜경
발행인	김지혜
발행처	양야의숲
출판등록	제2018-000002호

책임편집	김지혜
디자인	김경석

주소	전북 완주군 고산면 양화로 385-12
전화	(063) 262-3507
이메일	jj10000@nate.com
값	책값은 뒤표지에 있습니다.
ISBN	979-11-980931-1-0 (03230)

양야의숲은
해가 비치는 따듯한 땅 양야에서 따듯한 책을 만듭니다.

하나님, 제가 듣겠습니다

추천의 글

이혜경 사모님의 책을 벅찬 가슴으로 쉼 없이 읽었습니다.

하나님을 섬기는 사람으로서 세상 사람들이 말하는 성공, 만사형통을 이룬 간증은 수없이 많지만, 실패와 좌절 그리고 고난과 시련 가운데 함께하신 하나님의 손길을 고백하는 간증은 많지 않습니다. 사실 기독교 신앙의 진수는 후자인데 말입니다.

그런 의미에서 이혜경 사모님의 책은 읽는 모든 성도에게 신실하시고 멋진 하나님을 만나는 계기가 될 뿐 아니라 올바른 기독교 신앙의 길을 가르치는 지침서가 될 것을 믿어 의심치 않습니다.

저는 로마서 8장 28절, "모든 것을 합력하여 선을 이루시는 하나님"을 굳게 믿습니다. 그 '모든 것'에는 '우리의 실수나 잘못'도 포함됩니다. 그것조차도 합력하여 선(善, Good)을 이루시는 하나님이신 것입니다. 그런데 하나님이 이루시는 그 선(善)은 우리 개개인에게도 적용되지만, 동시에 하나님 나라와 하나님의 교회를 위한 선이기도 합니다. 저는 이혜경 사모님의 삶 가운데 함께하신 하나님이 저자 본인에게도 큰 선을 이루셨지만, 또 다른 성도와 하나님의 교회를 위해서도 큰 선을 이루고 계시다는 걸 굳게 믿습니다. 이 책이 그 귀한 선 중 하나가 될 것입니다.

최용덕_월간 「해와달」 발행인 및 편집인, 작곡가

아내는 초저녁부터 속이 메스껍고 체한 것 같다고 한다. 먹지도 못하고 가슴이 아프다고 하더니 새벽녘까지 이어졌다. 더 이상 미루면 안 될 것 같아 응급실을 찾았다. 주사 몇 대 맞으니 진정되었다. 이런 일은 몇 번 더 반복되었다. 차라리 입원해서 치료받기로 했다. 4인실을 혼자 써야 했고 코로나로 면회도 금지됐기에 독방이나 다름없었다. 이때를 기회 삼아 그동안 마음에 큰 짐처럼 여겼던 글쓰기에 도전했다. 아내는 대학노트에 3-4일 동안 밤낮을 가리지 않고 단숨에 자신의 이야기를 써 내려갔다. 마치 체한 것을 토해 버리듯이. 오랫동안 소화하지 못하고 가슴 한 켠에 응어리처럼 붙어 있어 떨어지지도, 지워지지도 않던 그 무엇을 토해 버리듯이.

25년이나 묵은 아내의 글은 인고의 결과로 열매도 면류관도 아니다. 여전히 끝나지 않는 고통에 대한 몸부림이며 아직까지도 응답 없는 주님에 대한 항거이기도 하다. 아내는 글쓰기를 마치면서 퇴원했다.

아내는 새벽마다 울면서 기도했다. 한 달이 가고 두 달이 가도 마찬가지였다. 그 울음은 1년이 되고 3년을 지나 5년이 되어도 마찬가지였다. 무엇이 그토록 간절하게 만들고 눈물 나게 만드는가? 궁금함을 지나 절박함이 안쓰럽기만 했다. 무엇이 그토록 간절하게 만들고 저토록 울게 만드는가? 그냥 조금은 방관하듯이 주님께 맡길 수는 없는 것인가? 더디다고 손 놓을 수 없고, 모든 사람이 포기해도 포기할 수 없는, 주님께서 안된다고 말씀하셨을지라도 그냥 놔둘 수 없는 일이었다. 그건 자녀를 두고 온 엄마였기 때문이다. 아내는 여전히 우물 속에 갇힌 요셉이었고, 물고기 배 속에 있는 요나였으며, 아직 부활하지 않은 무덤에 있는 엄마였다.

오필록_행복한교회 담임 목사

가장 사랑하고 닮고 싶은 분이 우리 엄마입니다. 엄마는 광야를 지나는 삶 속에서 마음과 영혼을 위로했던 고백을 이 책에 담았습니다. 저는 하나님을 사랑하며, 이웃을 사랑으로 베풀며 섬기시는 엄마를 롤 모델로 삼았습니다. 엄마는 아무것도 할 수 없는 나에게 하나님의 능력으로 살아갈 수 있는 지혜를 가르쳐 주셨습니다. 엄마를 연단하신 하나님은, 하나님이 원하시고 바라시는 그리스도인의 삶을 배우게 하셨기에 저 또한 하나님 안에서 담대하게 그리고 단단하게 살아갈 수 있습니다.

되돌아보니 그 어느 것 하나 하나님의 은혜가 아닌 것이 없음을 고백합니다. 그것을 온전히 깨닫고 감사하며 사는 것이 은혜이고 축복입니다.

이 책을 통하여 힘들고 지친 영혼에게 하나님의 위로와 사랑이 전해지리라 생각합니다. 더 나아가 마음의 회복과 건강함으로 하나님이 가장 선하고 좋은 것으로 채워 주시고, 회복의 능력을 경험하는 축복의 통로가 되길 기도합니다.

박신혜_바이올리니스트

글을 시작하며

하나님이 하나님의 형상대로 처음 사람을 만드시며 보시기에 심히 좋았더라 하셨다. 우리가 하나님께 사랑받는 특별한 존재이고, 그 은혜와 사랑을 느끼고 기쁨으로 반응하는 평강을 기억하도록 마음에 심어 두셨다. 나 역시 분명 이렇게 귀하고 소중한 모습으로 창조되었는데도 세상을 살아가면서 만나는 수많은 아픔과 상처, 고통과 두려움에게 인생의 주도권을 쥐게 했던 순간이 너무 많았다.

하나님이 우리에게 주신 것은 두려워하는 마음이 아니요, 비난하고 상처 주고 숨는 것도 아니라 회복의 기쁨을 되찾는 것이다. 그런데 불안은 뇌와 신경, 감정에 밀접한 관계가 있다고 한다. 불안을 느낄 때 내 안에 훈련된 기쁨이 불안을 대신해 주는 역할을 하게 된다. 각 개인은 동일한 역경에 처하더라도 어떤 사람은 그 역경을 성공적으로 극복하는 반면, 어떤 사람은 역경 앞에서 좌절하거나 무너져 내린다. 그렇다면 어떠한 요인이 역경에 대하여 개인마다 다양한 결과를 가져오게 하는가?

레질리언스(resilience, 회복의 능력)는 스트레스와 위협에 대처하는 개인의 다양한 반응을 보여 주는 개념이다. 또한 역경에서 회복할 수 있고 자신과 타인을 귀하게 여겨 존엄성을 인정할 수 있는 능력으로 이해할 수 있다. 그러므로 레질리언스는 구부러지고 압력을 받아 늘어진 후에도 원래의 형태나 위치로 되돌아가는 힘과 능력이며, 실패에서 회복하며 곤경으로부터 스스로 복원할 수 있는 능력이라 할 수 있다. 하나님을 믿고 의지하는 사람에게는 누구에게나 주시는 하나님의 선물이다. 이것이 곧 복음이요 은혜다.

상처의 아픔과 경험에 따라 치유의 과정도 단계가 필요하다. 하지만 하나님의 말씀과 은혜 안에서는 상처와 아픔이 시간이 오래지나지 않아도 급속도로 빠른 회복을 경험할 수 있다. 하나님은 말씀을 통해 부모에게 당부하신다.

> 너희 자녀를 노엽게 하지 말고 오직 주의 교훈과 훈계로 양육하라(엡 6:4).

> 마땅히 행할 길을 아이에게 가르치라 그리하면 늙어

도 그것을 떠나지 아니하리라(잠 22:6).

나는 많은 상처와 아픔, 두려움 때문에 하나님이 창조하신 본연의 모습을 볼 수 없었다. 그래서 고통을 상대하는 법을 세월 속에서 배워야 했다. 하나님의 눈은 정직하고 겸손한 자에게 머무시는 것을 오랜 세월을 돌아 깨달았다. 비록 나는 자녀 양육이라는 사명 앞에 고통을 겪었지만, 눈물로 애통하는 다른 부모에게 이 책이 기쁨과 평강으로 이끄는 회복의 모델이 되길 소망한다.

스스로 노력해서 성과를 내는 것이 목적이었고, 기쁨의 부재를 이러한 것으로 충족했던 나는 진정한 기쁨을 예수 그리스도에게서 찾았다. 진정한 기쁨을 찾고자 하는 모든 사람이 예수 그리스도에게 이를 수 있도록 도움을 주고 싶다.

매일 말씀 묵상을 통해 하나님이 주신 말씀을 붙들지 않았다면 여기까지 올 수 없었을 것이다. 말씀을 고통스러운 사건에 적용하며 두려울 때마다 언제나 평강으로 인도하신 하나님을 찬양한다.

위로와 회복이 필요한 자들에게 잘못과 실패, 두려움, 고통스러운 경험, 크고 작은 상처까지도 하나님 영광을 위해 사용하시도록 모든 것을 내어놓는다.

할렐루야!

차례

일러두기

- 본서에 사용된 성경은 개역개정 4판입니다.
- 소제목 옆에 있는 숫자는 본문 내용과 연관된 사진 페이지를 가리킵니다.

사진

1

하나님을 생각하니 눈물이 난다. 감히 간증이란 걸 할 수 있을까? 철저히 나를 돌아보는 시간이 주어졌다. 그러면서 내가 얼마나 연약한 존재인지, 얼마나 큰 죄인인지를 생각하게 되었다. 그렇잖아도 자신 없는데 하나님의 은혜 아니면 아무것도 아니고, 하나님 아니면 간증할 수 없다는 것을 안다. 다만 삶을 지키시는 좋으신 하나님만 바라보며 지금까지의 삶을 돌아보려 한다.

그리움

아버지는 사랑이 많으셨고, 언제나 인자한 미소로 무조건 내 편이 되어 주셨다. 특히 교회와 가정에서 예수님의 사랑을 몸소 실천하시며 목회하셨던 아버지가 많이 그립다.

아버지는 북한 신의주에서 나셨고, 평양에서 신학공부를 하셨다. 평생을 주의 종으로 사셨는데, 그 길을 가시게 된 사연이 있다.

아버지는 6.25 전쟁 때, 혼자 남쪽으로 내려오다가 많은 고비를 만나셨다. 한번은 피난민들이 급하게 남하하던 중에 공산군이 피난민들 뒤에서 총을 쏘고 있었다. 그로 인해 수많은 사람이 죽었는데, 공산군은 피난민의 시신을 일일이 발로 차기도 하고, 찔러 보기도 하면서 확인하고 있었다. 그들이 아버지 가까이 오자, 아버지는 근처에 있던 시신의 피를 자신의 몸에 묻히고 그 옆에 누워 죽은 척을 하셨다.

"하나님, 제 생명을 한 번만 살려 주신다면, 남한으로 내려가 하나님이 허락하시는 대로 하나님의 전을 세우겠습니다. 제발 저를 살려 주세요"

그 와중에 아버지는 간절히 기도하셨다. 놀랍게도 아버지는 하나님의 은혜로 절체절명의 위기를 넘기셨다. 그 일로 인해 아버지는 남한에서 해야 할 일을 생각하셨고, 남한으로 오신 후 예장 통합 교단의 신학교에서 신학 공부를 하셨다.

그 후 어머니를 만나 결혼하시고, 새로운 자녀가 태어날 때마다 새 임지에 가서 교회를 세우셨다. 그렇게 사역하시던 아버지의 마지막 사역지는 휴전선 바로 아래, 경기도 연천 백학이었다. 고향 가까운 곳에서 사역을 마무리하고 싶은 바람대로 최전방에서 사역하시다가 은퇴하셨다.

아버지는 통일을 위해 늘 기도하셨고, 북한 선교를 위해서도 기도하셨다. 교회 주변 마을에서 아버지를 모르는 사람이 없을 만큼 열심히 하셨다. 아버지가 심방하고, 전도하실 때는 마을 사람들이 예수님 오신다고 표현할 정도였다.

백학의 추억 p.144-145

아버지가 백학에서 사역을 시작하신지 벌써 50년이 지났다. 아버지는 소천하셨지만, 백학교회 은퇴 장로님께서 아버지를 추억하며 들려 주신 일화가 있다.

아버지는 항상 주님과 동행하는 삶을 사시면서 온 교우들에게 신앙의 본을 몸소 보여 주셨다. 그러면서 항상 성도의 생활이 넉넉하지 못한 것에 늘 마음 아파하셨다. 그래서 가나안 농군학교 김용기 장로님의 기독교 정신에 바탕을 둔 농민 교육과 사회지도자 양성 교육에 관심을 가지셨다. 그래서 지역 형편에 맞는 식용 달팽이 사육, 양봉 등을 성도와 함께 시작하셨다. 어떻게든 성도의 가정이 경제적으로 자립하길 바라시며 노력하셨던 것이다. 또 부모님은 매일 전도와 심방을 다니셨다. 추운 겨울에는 길이 미끄러워 어머니가 버선발로 걷다가 넘어지셔서 피를 많이 흘리신 적도 있었다. 그러다 하루 안에 못 돌아오시면 이남용 성도(현재 장로님)에게 우리를 부탁하셨다.

어느 날은 장로님과 함께 서울 세운상가에 가셔서 앰프를 구입하셨다. 성탄 이브에 백학면에 찬송이 울려 퍼질 것을 기대하시며 마냥 기뻐하셨다. 아버지 기대처럼 성탄 이브 저녁에 교회당 스피커를 통해 찬송이 흘러나왔다. 처음으로 나온 찬송은 "이 기쁜 소식을 온 세상 전하세"였다. 그 찬송을 듣는 사람마다 감격하셨고, 그 모습에 아버지는 더 기뻐하셨다. 성탄절 예배 후, 아버지는 세운상가에 동행해 준 장로님께 고맙다 하시며 손을 잡으셨다.

또 장로님이 젊으셨을 때 몸이 아파서 고생하셨는데, 부모님이 한 달을 넘게 매일 오셔서 예배드리며 기도해 주신 덕분에 깨끗이 나으셨다고 한다. 장로님은 지금도 아버지의 모습이 눈에 선하다고 하신다.

예배당 건축 p.145-147

예배당을 새로 건축해야 할 때 아버지는 온 교회의 성도와 함께 기도로 시작하셨다. 거의 1년을 준비했는데, 그 사이 성도들은 건축헌금을 각자의 형편보다 많이 드리는 은혜가 있었다. 그래서 무사히 건축을 시작할 수 있었다. 학생에서 장년에 이르기까지 누구 하나 빠짐없이 참여했다. 낮에도 일하고, 밤에는 불을 환하게 밝혀 벽돌과 모래를 날랐다. 나도 어린 나이였지만 간식도 나르고 벽돌도 나른 기억이 있다. 지하실 벽돌쌓기를 마치고, 본당 바닥 슬래브 치는 날은 예수님을 믿지 않던 마을 사람들까지 삽과 가래를 가져와서 힘을 보태 생각보다 수월하게 건축되었다.

성전 봉헌 예배를 드리기까지 부모님은 눈물의 기도를 쉬지 않으셨다. 백학이 군사 지역이다 보니 여러 행정 문제 등으로 건축이 중단될 때가 있었다. 그때마다 아버지는 쌓아둔 모래, 자갈밭에 무릎을 꿇고 기도하셨고, 어머니는 매일 철야기도를 하셨다. 그런 과정을 통해 조금씩 조금씩 세워져 가던 예배당이 드디어 백학마을 산 언덕 중심에 아름답고 웅장하게 세워졌다. 마을에 사시는 목수 한 분이 중심이 되고, 온 성도가 합심하여 세워진 교회라 예배당에 대한 온 교회의 사랑과 관심이 남달랐다.

아버지는 목회하시면서 성도들의 주일성수가 소홀해질 것을 항상 염려하셨다. 그래서 온 성도가 온전히 주일성수 하는 것이 가장 큰 기도 제목이라고 말씀하셨다. 아버지는 성도의 주일성수를 위해 좋은 방법을 찾아보자며 제직자들과 3주간 함께 기도하셨다. 그 후에 다시 모여 이야기하면서 성도끼리 작업반을 조직하여 운영하면 좋겠다는 의견이 있었고, 참석자 모두 그 방안에 동의하였다. 그래서 아버지는 작업반장과 작업반 이름을 정하셨다. 작업반에 등록하실 사람을 모으니 47명이 모였다. 작업반은 소 네 마리를 동원해 마을의 모내기와 밭매기를 하였다.

작업반을 시작한 후 성도의 99%가 주일성수를 할 수 있었고, 이앙기가 보급되기까지 작업반은 수년 동안 운영되었다. 이 일로 인하여 주일성수를 잘하는 모범 교회로 노회와 총회에서 백학교회 칭찬이 자자했다.

그 속에서 교회에는 점점 구원받는 성도 수가 늘었다. 그때 아버지는 교회가 한 걸음 성장했으니 이제는 선교하는 교회가 되어야 한다고 말씀하셨다. 도움을 받는 교회에서 섬기고 베푸는 교회로 바뀌어야 한다고 강조하셨다. 그 말씀대로 지금 백학교회는 정말 선교하는 교회가 되었다. 국내외 수많은 교회를 섬기며 선교하는 교회로서 사명을 감당하고 있다.

마음을 전하는 사람들 p.147-158

부모님은 지역 주민을 하나님의 마음으로 사랑하고 영혼 구원을 위해 섬기셨다. 그러한 목회자의 모습이 마을 어르신 한 분에게 감동을 주었는지, 목사님께 차 한잔 대접하고 싶어 하셨다. 그런데 어르신 마음에 목사님을 차마 다

방으로 모시기는 마음이 편치 않아, 직접 다방 종업원을 데리고 사택으로 오셨다. 어르신과 아버지는 그 종업원이 타주는 커피를 함께 마시며 이야기를 나누셨다. 지금도 그 어르신을 생각하면 순수한 마음이 느껴져 미소가 지어진다.

또 다른 일도 있다. 교회 건축을 하는 동안 많은 공사 자재가 교회 마당에 쌓여 있었다. 그때만 해도 어려운 시절이라 어떤 학생이 값나가는 자재를 몰래 가져다 팔았던 것 같다. 부모님은 오랜 시간이 흘러 기억도 못하셨다. 그런데 그 젊은이가 성장하여 열심히 신앙생활을 하던 중, 그때 그 일이 생각나서 도저히 견딜 수 없었다고 한다. 그래서 선물로 책도 사고, 예전 자재 값이라며 봉투에 2백만 원을 넣어 찾아온 일이 있었다. 부모님께 그때는 정말 죄송했다고 고백했다. 그 자리에서 함께 사연을 듣던 나도 마음이 울컥했다.

몸과 마음이 건강하지 못하신 할머니가 계셨다. 그럼에도 어르신은 모든 예배를 빠짐없이 드렸는데, 꼭 예배 시작 한 시간 전에 오셨다. 수요예배를 드릴 때면 사택으로 먼저 들어오셨다. 그날 역시 일찍 오셨다.

"목사님, 감사해요. 제가 그동안 자녀들이 준 용돈을 조금씩 모았습니다."

할머니는 바지 안주머니에 있던, 몇 번을 싼 3천 원, 5천 원 등을 꺼내시며 목사님 내외분 맛있는 것 사 드시라고 건네셨다. 이것이 과부의 두 렙돈인가? 인간적인 계산은 전혀 없이 하나님의 사랑 그대로를 전하는 것에 부모님은 물론 나도 감동받았다.

신앙생활의 계기

내가 백학으로 다시 돌아갔을 때, 헬스장에서 어떤 사람을 만났다. 학교 선배라고 했다.

"혹시 이성실 목사님 따님이세요?"

"네? 네, 맞아요."

그 선배는 나를 보니 목사님 생각이 많이 나고 뵙고 싶다고 하였다. 그리고 아버지 덕분에 신앙생활을 하게 되었다며, 그 사연을 말해 주었다.

백학교회는 산 중턱에 있는 마을 가운데에 세워졌는데, 교회에서 주변 관리를 잘했다. 경치가 예쁜 탓에 선배는 친구들과 교회에서 술을 마시며 이야기를 하고 있었다. 그러다 항상 저녁이 되면 교회를 돌아보시던 아버지와 만나게 되었다.

"우린 이제 죽었다. 다른 곳도 아니고 교회에서 하지 말아야 할 행동을 했으니 큰일났다."

어쩔 줄 몰라 하는 그들에게 아버지는 다정하게 말씀하셨다.

"젊은이들이 왔구나. 그런데 이렇게 빈속에 술을 마시면 안돼. 사모한테 말해서 안줏거리 해 오라 할 테니 그것이랑 먹어라."

그리고는 잠시 후 안줏거리를 갖고 오신 아버지는 그들을 꾸짖지 않으시고, 오히려 다독이셨다고 한다.

"무슨 일이 있기에 이렇게 술을 마실까? 앞으로는 빈속에 술 마시지 말아라."

선배 일행은 아버지 모습에서 신선한 충격을 받았다. 그 후 아버지와 여러 번 마주쳤고, 대화를 나누고선 예수님을 믿어야겠다고 결심했다고 한다.

조금만 더 일찍 올 것을

지금 마다가스카르에서 선교하시는 전희승 선교사님 생각도 난다. 오래전, 부대 내 교회가 없는 곳은 부대 가까운 마을 교회에서 예배드렸다. 내가 어릴 때 백학교회에도 많은 군인이 와서 함께 예배드리며, 교회를 섬겼다. 전희승 선교사님도 그런 분 중 한 분이셨는데, 선교사님은 군 생활 동안 특별히 아버지를 친아버지처럼 존경하며 따르셨다. 이후 마다가스카르로 선교를 떠나셨고, 그곳에서 어느 정도 선교사로 정착하셨을 때, 부모님을 뵙고도 싶고, 선교에 대한 이런 저런 얘기도 나누고 싶어 백학교회를 찾아오셨다.

그런데 그때는 두 해 전, 부모님 모두 소천하신 후였다. 선교사님이 부모님 묘지에라도 가고 싶다고 하셔서 모시고 갔다. 선교사님은 자신이 조금만 더 일찍 왔으면 목사님이 너무 좋아하셨을 텐데 그렇지 못했다고 아쉬워하시며 많이 우셨다. 그리고 바로 다음 날 꽃을 들고 다시 묘를 찾으셨다.

하나님의 사랑과 은혜는 흘러흘러 강같이 흐른다. 어찌 한 사람, 한 사람이 그렇게 큰 사랑을 받았노라고 고백할 수 있을까? 하나님은 부모님이 베푼 사랑이 많은 사람의 마음에 하나님의 사랑으로 느껴지게 하셨고, 또 그들을 통해 하나님의 선하심과 사랑이 흘러가게 하셨다.

다시 없는 분

교회 근처에 무당집이 있었다. 부모님은 무당 부부를 긍휼히 여기셨다. 그 집 김장하는 날은 어머니가 가서 도와주고, 축복기도까지 해 주셨다. 그 집 부부의 생일 때는 초대받아 가시기도 하면서 사이좋은 이웃사촌으로 지내셨다. 나는 어려서부터 부모님의 영적인 영향을 받아서 그분들이 꺼려지지 않았다. 오히려 불쌍히 여기며 기도하였다. 그러다 보니 무당아주머니 남편은 나와 동생에게 용돈을 주며 심부름을 부탁하기도 하였다.

그분들이 돌아가실 즈음, 나를 붙들고 말씀하셨다.

"너희 어머니, 아버지 같은 분 없다. 나도 예수 믿고 싶지만, 이 동네 사람에게 내가 잘못한 게 너무 많아. 길이 달라 교회를 못 가는 것이지 너희 부모님 사시는 것 보면 하나님은 살아 계시고 예수 믿어야 한다는 게 확실하다."

어머니의 기도 p.148

어머니를 생각하면 늘 기도하시는 모습이 가장 먼저 떠오른다. 어머니는 그 어려운 시절에도 언제나 많은 성도의 생활을 돌아보며 섬겼고, 특별히 병들고 소외된 자들과 함께 하셨다. 신유의 은사를 받으신 어머니는 정신적으로 아픈 자들을 집에서 함께 먹이고 재우며, 그들을 위해 기도하셨다. 병원도, 차도 없던 시절이라 몸이 아픈 성도들은 교회로, 사택으로 왔다. 그러면 어머니는 환자에게 손을 얹어 기도하셨고, 환자는 상태가 좋아지기도 했다.

어머니는 새벽기도로 시작되는 하루의 일과를 다 감당하시고, 가족이 잠자리에 들 때면 철야 기도를 위해 교회로 가셨다. 그리고 매년 고난주간이면 일주일씩 꼭 금식하셨다. 기도의 어머니셨다.

꿈꾸던 길

나의 기도

"하나님, 어머니의 기도와 섬김의 삶을 제가 이어받을게요. 어머니만큼은 못하겠지만, 열심히 기도하며 하나님의 은혜를 구합니다."

부모님의 신앙교육은 이렇게 해야 한다, 저렇게 해야 한다고 말로 교육하는 타입이 아니셨다. 삶으로 보여 주셨다. 목회자의 자녀 중에는 하나님을 거부하거나 신앙에 회의감을 갖는 사람도 있다. 그러나 나는 부모님이 가신 길을 가고 싶고, 본받고 싶었다. 그것은 지금도 변함없다.

부모님이 성도와 자녀에게 몸소 보여 주셨던 그 사랑의 결과가 이런 고백을 하게 하는 것이리라. 하나님이 이렇게 귀하신 부모님을 주셔서 지금도 감사하다. 나에게 있어 부모님은 하나님의 특별한 은혜요, 선물이시다.

아버지의 축복 p.150

아버지는 사 남매 모두를 사랑하셨지만, 형제들은 내가 가장 사랑을 많이 받았다고 입을 모은다. 아버지는 나에게 종종 말씀하셨다.

"우리 둘째 딸은 말을 재미나고 실감나게 하네. 아나운서 되어도 좋겠다. 우리 혜경이는 예뻐서 이것저것 다 했으면 좋겠다."

나는 교회에서 반주하기 위해 일찌감치 피아노를 배웠다. 원래는 언니가 먼저 배우기 시작했고, 나도 언니따라 배우게 되었다. 그런데 우리를 가르치시던 피아노 선생님이 결혼하여 타지로 이사가면서 언니는 피아노를 그만두었다. 나는 더 배우고 싶은 욕심이 있어 사촌 형부가 소개해 주신 피아노 선생님을 만나러 서울 도봉동까지 다녔다. 하지만 초등학교 6학년생 혼자 버스를 몇 번씩 갈아타며 가기엔 무리가 있어, 매주 토요일 학교 수업이 끝나면 아버지와 함께 레슨을 받으러 갔다.

피아노를 처음 시작할 때는 예배시간에 반주할 수 있는 정도까지 배우는 것이 목표였다. 피아노 연습을 시작하기 전, 아버지는 항상 손을 붙잡고 기도해 주셨다.

"하나님, 이 딸의 두 손이 하나님을 찬양하는 복된 손이 되게 하여 주옵소서. 이 딸을 통해 영광 받아 주소서."

늘 같은 기도이지만 나는 "아멘." 하고 대답했다.

초등학교 6학년 쯤에는 찬양집 한 권을 피아노로 치면서 즐거워했고, 그 가사에 많은 은혜를 받았다. 찬양을 통해 하나님을 만났다.

중학교 때부터는 학교 수업 끝나면 친구와 교회에서 한두 시간씩 기도했다. 어머니를 따라 한얼산기도원에 가기도 했다. 이천석 목사님, 윤은희 전도사님을 통해 은혜받으며, 나도 윤 전도사님처럼 쓰임 받고 싶다고 기도했던 생각이 난다.

그렇게 보낸 초등학교, 중학교 시절이 참 행복했고, 부족함이 없었다. 하나님을 향한 사랑은 지금보다 더 순수하고 뜨거웠다. 그리고 하나님과 부모님께 사랑받았기에 그 사랑을 흘려보내야 할 사명이 있음을 알았다.

사모의 길을 꿈꾸며

나는 앞으로 하나님의 나라와 영광을 위해 삶을 하나님께 드리겠다는 꿈을 갖기 시작했다. 그 꿈은 목회자 아내인 '사모'의 길로 구체화 되었다. 그래서 하나님께 내가 감당해야 할 일이 무엇인지 여쭈었다. 그리고 먼저 그의 나라와 그의 의를 구하는 일을 하고, 하나님 나라의 영광을 위해 준비된 자의 모습으로 세워지길 기도하였다.

시간이 흘러 고등학교 3학년 때, 훌륭한 피아노 연주자가 되리라는 야무진 꿈을 갖고, 전기(前期) 유명 대학 피아노과에 원서를 접수했다. 하지만 그 학교는 불합격했고, 후

기로 서울 장로신학교 교회음악과에 입학했다. 그동안 대학 입학을 위해 열심히 준비했는데, 원하던 대학이 아니라 자존심도 상했고, 초라하게 느껴졌다. 학교에 관심도 별로 없었다. 그러다 보니 신학생들도 어리고 철없어 보였다. '전도사님' 하면 영적으로 권위 있고, 하나님 앞에 성숙한 신앙의 모습일 것이라는 기대가 있었나 보다. 지금 생각하면 그분들도 20대 초반의 나이에, 그 길을 가기 위한 시작이며 준비되는 과정이었을 텐데….

결혼

만남과 결혼

고등학교 졸업 후, 서울 신대방동에 있는 승리교회에서 반주자와 교사로 섬겼다. 그때 교회가 신대방 우성아파트 상가에 있었는데, 그 아파트에 살고 있던 청년이 교회에 등록했다. 깔끔한 이미지에 순수해 보였다. 그 청년은 교회 등록 후 항상 나를 따라다녔다. 예배가 끝나도 기다리며 내 곁에서 맴돌곤 했다. 나를 의식해서인지는 모르겠지만 그는 청년부 활동도, 성가대도 열심히 했다. 그러면서 한두 번 사적인 만남도 있었다. 그는 이제 처음 신앙생활을 하는지라 순수함은 있었지만, 인격적으로 주님을 만나지 못한 사람이었다. 그리고 그의 가정에는 아무도 하나님을 믿는 사람이 없었다.

나는 오래전부터 남자를 만날 때 서로 존중하고 사랑하는 마음을 하나님이 주신다면, 이 사람 저 사람 만나지 않고 그 사람과 결혼해야겠다고 생각했다. 한 번도 남자를 사귀어본 적이 없는 내게 이 청년은 모든 걸 쏟아 낼 만큼 헌신적이었다.

"하나님 어떻게 해요? 이 사람이 이토록 날 사랑한다고 하는데, 예수님을 믿지 않는 가정이고, 이 사람 역시 하나님을 만난 성숙함이 있는 것도 아니에요. 하나님 뜻이면 어떻게 해서라도 만남이 이루어지게 해 주시고, 하나님 뜻이 아니면 만남이 이루어지지 않게 해 주세요."

이렇게 기도하면서도 이 청년에게 헤어지는 아픔을 주고 싶지 않은 마음이 들었다. 내가 그를 거절하면 지금까지의 신앙생활을 저버리고 교회를 떠날까 봐 두렵기도 했다. 그렇게 된다면 그게 내 책임일 것 같기도 했다. 그래서 다시 기도했다.

"하나님, 사모의 길은 제 길이 아닌가 봐요. 제가 이 가정에 작은 선교사가 될게요. 믿지 않는 가정에 주님의 사랑을, 복음을 전하는 자로 사용해 주세요. 제가 우리 부모님께

하듯 시부모님을 잘 섬기고 사랑할게요. 신앙생활도 열심히 하여 남편 될 사람을 장로로 세우고, 하나님의 일을 함께 잘 감당할게요. 하나님, 사모의 길을 가지 않는 대신 두 배, 세 배로 열심히 주의 일 할게요"

이런 마음을 부모님께도 전했다. 부모님은 처음에는 반대하셨다. 하지만 나는 그 청년과 결혼을 결정했고, 결국 대학교 졸업식을 두 달 앞두고 결혼했다.

낯선 시간

신혼여행 후 시댁에서 맞는 첫날, 시아버지는 소주 두어 잔을 마시더니 내게 식탁에 앉으라고 하셨다. 뭐라 뭐라 알아듣지 못할 말씀을 하셨다. 나는 그때까지 술 마신 사람 옆에 있어 본 적이 없었기에 낯설고 무섭기까지 했다. 친정에서 경험하지 못한 분위기에 놀라 얼른 방으로 들어가 하나님께 어떻게 하면 좋겠냐면서 눈물로 기도했다. 남편이 외아들이었기에, 당연히 시부모님과 함께 살아야 한다고 여기고 자원하여 들어간 시댁이었음에도 상상하지 못한 분위기에 적잖게 당황했다.

시아버지의 생활은 일반인과 달랐다. 다른 사람들이 점심식사 할 시간에 일어나셔서 첫 식사를 하셨다. 시아버지는 당뇨와 여러 지병이 있어 식사는 따로 준비해야 했다. 개인사업을 하고 계셔서 식사 후 출근하셨다. 그리고 오후 6시 30분쯤 퇴근하셨다. 저녁 7시쯤에 식사를 하시고, 밤 12시에 다시 식사를 하셨다. 그런데 밤에 식사하실 때는 소주 두 잔과 수면제를 드셨다. 불면증에 대해 주치의가 내려준 처방이었다.

밤 12시가 되면 식탁에 앉아 시아버지의 대화 상대가 되어야 했다. 시아버지는 늘 '돈'에 대해 이야기하셨다. 그 외에 다른 일상적이고 평범한 이야기는 들어본 적이 없다. 새벽까지 시어머니, 우리 부부, 시누이에게 시아버지는 폭탄과 같았다.

밤새 시어머니가 시아버지의 팔, 다리를 주무르면 새벽 늦게 잠이 드시지만, 그렇지 않은 날은 폭력과 폭언을 쏟아 내셨다. 가족에게 미안함이나 고마움은 전혀 없는 이기적인 분이셨다. 가족 누구의 말도 듣지 않고 모든 것을 당신이 생각하시는 대로, 편하신 대로, 하시고 싶은 대로 하셨다.

이렇게 시작된 결혼생활은 내가 꿈꾸던 것이 아니었다. 지금까지 살던 것과는 너무나 다른 극과 극의 모습이었다. 정신 차려야겠다고 생각했다. 이 가정에서 말씀과 기도, 찬양이 끊어지면 안 되겠다는 생각이 나를 사로잡았다. 그래서 가장 먼저 집안 곳곳에 있는 부적, 북어 등을 떼었다. 그리고는 아침부터 찬양을 조용하게 틀어놓고 기도하고 말씀을 읽었다.

임신 중이었던 나는 태교를 해야 하는데, 태교는커녕 지쳐 쓰러질 것 같았다. 그래서 먼저 성경 1독부터 하기로 하였다. 새벽기도도 시작했다.

결혼 전, 친정에서는 매일 가정예배를 드리니 때때로 가정예배가 귀찮았는데, 이제는 그리운 일이 되었다. 친정에서는 영적으로 풍성했고, 서로 사랑하고 존중하며, 이해하고 배려하는 분위기였다. 매일 웃고, 행복했던 그 시간을 시댁에선 꿈꿀 수 없었다. 영적으로 메말랐고, 늘 우울함과 불안함이 가득했다. 서로를 향한 사랑은커녕 각자 생활에 익숙해져 버린 모습뿐이었다.

시아버지는 심한 조울증 환자이셨다. 어느 날은 시어머니의 좋은 옷을 욕조와 세탁기에 던지며 시어머니에게 칼을 휘두르셨다. 그 모습을 보고 너무 놀라 말리다가, 나에게까지 칼을 휘두르는 바람에 쓰러지기도 했다. 시아버지는 화가 나면 물건을 던지고, 시어머니께 온갖 화를 내시며 폭력을 가하셨다. 그러니 집안은 한시도 잠잠할 날이 없었다. 지옥이 이곳이구나 할 정도로 무서웠다.

나는 이런 사정을 누구에게도 말을 못 하고 혼자 기도했다. 남편은 결혼하면 행복하게 해 줄 자신 있는 사람이었는데, 현실이 미안하고 부끄러운 상황이라 할 말이 없는 것 같았다. 어쩌면 내가 들어오면, 시아버지가 변화될 것을 기대하지 않았을까 하는 생각도 들었다. 그럼에도 시아버지는 여전히 누구도 감당하기 어렵고 무서운 존재였다.

그나마 다행인 것은 내가 신앙생활 하는 것은 막지 않으셨다. 그것마저 허락되지 않았다면 아마도 견디기 어려웠을 것이다.

> 사람이 감당할 시험밖에는 너희가 당한 것이 없나니 (고전 10:13).

이 말씀에 위로받기도 했지만, 처한 상황을 감당하기엔 너무 벅차 매일 울며 기도했다.

"하나님, 저를 사랑하시는 하나님 아버지라면서요? 우리 부모님의 사랑과 비교할 수 없을 만큼 저를 사랑하신다면서요? 하나님은 시댁이 이런 가정이라는 것을 다 아셨잖아요? 그렇다면 제 결혼을 막으셨어야지요. 아무것도 모르고 이 사람만 보고 왔는데 이런 가정이라니요?"

"하나님, 사모의 길로 가지 않아 이렇게 벌하시는 건가요? 정말 죄송해요. 하나님, 지금까지 하나님 앞에 더 열심히 살지 못해 이러시는 것이면 정말 죄송해요. 하나님의 은혜에 감사하지 못해서 죄송해요. 욕심과 교만 등 모든 죄를 회개합니다. 그런데 죄 때문에 이 상황을 감당해야 하더라도 이건 너무 가혹하잖아요?"

시댁 식구들은 겉으로 보기엔 모두 엘리트였다. 그래서 주변 사람들은 결혼 잘했다, 행복하겠다며 부러워했다. 하지만 속을 들여다보면 속된 말로 콩가루 집안 같았다. 그 속에서 말씀과 기도, 찬양이 없었다면 감당하기 어려웠을 것이다. 나는 간절히 주님만 의지하고 붙잡았다.

아들과 딸

아들 윤식 p.150-151

첫 아이 윤식이 태어났다. 나는 몸조리를 위해 친정으로 갔다. 윤식이는 모두에게 축복이고, 기쁨이었다. 아버지는 매일 윤식이에게 기도해 주셨다. 친정아버지는 당신의 사랑을 이 아이에게 다 쏟아부으셨다. 친정아버지는 윤식이를 향해 늘 화목둥이, 화평둥이라 부르셨다.

"그 가정에서 하나님의 사랑을 전하는 화목둥이가 되렴."

윤식이는 그렇게 사랑받으며 하루하루 잘 자랐다.

두 번의 수술

어느 날부터인가 윤식이는 우유만 마시면 토했다. 처음에는 갓난아이라 그럴 수도 있다며 넘어갔다. 하지만 날이 갈수록 그렇게 생각하기엔 토하는 양이 너무 많았다. 거의 내뿜는 수준이었다. 생후 20일째 되었을까? 윤식이를 안고 가까운 병원으로 갔다. 의사는 큰 병원으로 가 보라고 하였다. 태어난 지 20일밖에 되지 않은 아기라 마음이 급해졌다. 짐을 챙겨 아이를 낳은 병원으로 갔다. 의사는 유문협착증이라고 했다.

병원에서는 아기를 일주일정도 영양 관리한 후에 수술한다고 했다. 아기가 너무 어려서 마취에서 깨어나지 않을 가능성도 있다고 했다. 그래도 나는 수술동의서에 서명했고, 4kg의 아이는 전신마취를 하고 수술받았다.

상황이 그러하니 친정부모님은 철야기도에 금식까지 하시며 기도하셨다. 나는 몸조리도 제대로 못하고 병원으로 갔기 때문에 몸 상태가 좋지 않았다. 그렇지만 간절히 기도할 수밖에 없었다.

"하나님, 이 아이만 살려 주시기만 한다면 하나님이 원하시는 주의 종으로 드릴게요. 하나님 뜻대로 사용해 주세요."

하나님의 은혜로 수술이 잘 되었고, 아이는 무사히 깨어났다. 일주일 정도를 더 입원했다가 퇴원했다.

그 후 감사하게도 아이는 건강하게 하루하루 잘 자라주었다. 나는 아이에게 날마다 찬양을 들려 주고, 성경 말씀도 읽어 주었다. 아이가 나에겐 기쁨이요, 소망이었다.

아이를 믿음으로, 세상에 꼭 필요한 하나님의 일꾼으로 잘 키워야겠다는 마음이 있었고, 또 그렇게 키우려고 최선을 다했다. 모든 예배 때마다 아이와 함께 예배드렸다. 어쩌면 그때부터 아이를 하나님보다 더 소중하게 여기고, 모든 시선을 아이에게 두며 우상처럼 생각했는지도 모른다.

아이가 10개월쯤 되었을 때, 감기 증상이 있는 것 같아 다니던 소아과에 갔다. 처방받은 감기약을 먹였음에도 아이는 새벽까지 토하고 열이 났다. 그래서 수술했던 병원 응급실로 급하게 갔다. 담당 의사는 아이를 살피며 장이 꼬인 것 같다고 했다. 여러 가지로 진료를 했지만, 결국 다시 전신마취 후 수술해야 한다고 했다. 48시간 이내에 꼬인 장을 풀어 주지 않으면 생명에 지장이 있다며 서둘렀다. 첫 돌도 되기 전에 두 번이나 전신마취 상태에서 수술받게 되었다. 마음이 너무 아팠다.

"하나님, 한 번도 아니고 왜요? 왜요? 제가 무엇을 그렇게 잘못했기에 아이를 이렇게 아프게 하시나요?"

하지만 원망도 잠시, 곧 친정 부모님과 함께 다시 하나님 앞에 무릎을 꿇었다.

"하나님, 꼭 살려 주세요. 이 아이를 하나님이 원하시는 아이로 잘 키울게요"

수술 후 의사는 이렇게 장이 심하게 꼬여 많이 잘라낸 경우가 드물었다고 하며, 맹장도 떼어 냈다고 했다. 생후 1년도 안 된 아이의 배를 두 번이나 열어 큰 수술을 해야 하는 것을 보는 어미의 심정은 처참했다. 그럼에도 두 번째 수술도 하나님의 은혜로 잘 되었다. 이 아이는 아무래도 하나님이 특별히 구별된 자로 잘 양육되길 바라시는 것 같았다.

아찔한 기억 p.151

윤식이가 첫 돌을 막 지났을 무렵, 함께 친정에 잠깐 갔을 때의 일이다. 수요예배를 드리러 가야 하는데 아이가 깊이 잠이 들었다. '잘 자겠지.' 하고 윤식이만 방에 두고 예배드리러 갔다. 교회는 산 중턱에 있고, 사택은 한참 아래쪽에 있었다.

설교가 끝날 즈음, 강단에서 설교하시던 친정아버지가 사인을 주셔서 뒤를 돌아보니 윤식이가 있었다. 깜짝 놀랐다. 윤식이는 자다가 깨서 아무도 없으니, 울다가 잠옷 바람으로 교회까지 기어서 온 것이다. 겨우 아장아장 조금씩 걷기 시작할 때였다. 그 밤에 아이가 교회가 어느 방향인지 몰라 아래로 내려갔다면 어떻게 되었을까? 생각할수록 아찔했다.

윤식이에게 너무 미안하고, 고맙고, 마음이 아팠다. 아마도 윤식이는 교회가 익숙한가 보다. 어려서부터 교회에서 살아서 교회를 잘 찾았나 보다. 지금이야 이렇게 말할 수 있지만, 그때 일을 생각하면 지금도 식은땀이 흐른다.

광야의 시간 p.152

어려서부터 나는 하나님을 사랑의 하나님, 모든 기도를 들어주시는 아버지, 언제나 내 편이 되시고 도우시며 위로와 힘이 되시는 하나님으로 인식했다. 그런데 산후조리 후 다시 시댁으로 가 보니, 여전히 그곳은 폭풍우가 몰아치는 날의 연속이었다. 어둡고 무거운 생활이 반복되었다. 그러니 침묵하시는 하나님, 기도를 거절하시는 하나님, 광야 같은 곳에, 깊은 웅덩이에 홀로 버려두시는 분으로 느껴졌다. 참 외롭고, 아프고, 버겁다 못해 고통과 절망에 지치게 했다.

하지만 그럴 때마다 보이지 않는 하나님의 손이 나를 이끄셨고, 힘과 평안으로 채워 주셨다. 눈에 보이는 현실은 달라진 게 하나도 없는데, 영혼은 하나님을 배워 가게 하셨고 하나님의 음성을 듣게 하셨으며, 하나님의 뜻을 깨달아 분별할 수 있는 지혜를 주셨다. 고난 가운데 아버지의 마음을 알게 하셨으며, 눈물로 지낸 많은 시간 속에 따뜻한 아버지의 사랑을 느끼게 하셨고, 나의 열심이 아닌 아버지의 뜻이 이루어지는 신앙생활을 하게 하셨다. 자아가 깨어지는 시간이고, 교만과 욕심, 계획과 꿈이 부서지는 시간이 되었다. 하나님의 사람으로, 성령의 사람으로 정결하게 빚어지는 시간이었다. 나를 낮아지게 하시며, 하나님 쓰시기에 편한 사람으로 만들어 가시는 광야의 시간이었다.

머리로는 너무 잘 아는데, 거친 광야를 지나며 참 더디게도 훈련되었다.

"하나님, 더이상 못하겠어요."

하나님께 몸부림치기도 했지만, 견뎌 내는 것이 아니라 전적으로 하나님의 이끄심이라고 인정하게 되었다.

둘째 출산과 분가 p.152-153

3년이 흘렀다. 둘째가 태어났다. 임신 중에 전치태반이라는 위험한 상황에 놓였지만, 나는 배 속에 있는 아이를 위해 매일 기도했다. 그리고 건강하게 둘째를 출산했다. 아이 이름은 외할아버지가 기도하며 '신혜'라고 지어 주셨다.

그때 나는 일산에 있는 승리교회를 섬기고 있었는데,

교회가 일산에 종교 부지를 분양받아 새로 건축하게 되었다. 우리도 하나님의 은혜로 일산으로 분가하였다. 시아버지 입장에서 분가가 쉽지 않은 결정이셨을 텐데, 아마도 하나님의 일하심이었으리라.

남편은 일산에서 교육사업(유치원, 어린이집 등에 교재, 교구, 놀이시설, 인테리어 등 모든 것을 관할하는 사업)을 시작했다. 신도시인지라 아파트 단지마다 어린이집, 유치원, 놀이방이 많이 생겼다. 남편의 사업도 그만큼 빨리 자리 잡고 안정되었다. 나도 조금은 여유롭고 평안해졌다.

사라진 아들

이사한 지 며칠 되지 않아 전입신고하러 가는 남편을 배웅할 겸 윤식이와 함께 잠시 밖으로 나왔다. 아파트 8층에 있는 집에는 돌 지난 신혜가 혼자 자고 있었다. 놀이터를 본 윤식이는 놀고 싶어 집에 들어갈 생각을 안 했다. 혼자서 자고 있는 신혜가 걱정되어 잠깐 집에 갔다 왔는데, 윤식이가 보이지 않았다. 30분을 찾아도 보이지 않아 당황해서 경비실, 교회, 지인들에게 연락했다. 그러나 2시간이 지나도 찾지 못해서 결국 경찰에 신고하게 되었다.

그러는 사이 전도사님 딸이 교회 근처 아파트 놀이터에서 놀고 있던 윤식이를 데리고 왔다. 거의 저녁 8시가 다 된 시간이었다. 우리 집에서 교회까지 걸어서 가려면 꽤 먼 거리였다. 엄마가 매일 데리고 가는 곳이라 해도, 네 살 아이가 그 먼 거리를 혼자 갈 것이라고는 생각도 못 했다. 찾은 것이 너무 다행스러웠지만, 마음 졸인 하루였다.

남편

예쁘게 자라는 두 아이 p.153-154

아이들은 건강하고 예쁘게 잘 자라 가고 있었다. 아침마다 윤식이와 신혜에게 음악과 찬양을 들려 주며 눈을 뜨게 했다. 말씀과 찬양, 기도로 신앙교육에 신경을 썼다. 그리고 피아노, 수영, 바이올린 등을 가르치기 시작했다. 신혜는 피아노로 음악유치원에 보냈다. 초등학교 1학년까지 피아노 연주를 곧잘 했다. 2학년 쯤에는 오빠가 배우는 바이올린에 관심을 갖기에 학교에서 하는 방과후 프로그램에서 바이올린을 배울 수 있게 했다.

이렇게 아이들에게 사랑과 관심, 돌봄이 필요한 시기였는데, 나는 남편으로 인해 고통스러운 시간을 보내고 있었다. 남편은 아버지에게 받은 많은 상처와 아픔이 있는 사람이었다. 평소에는 착한 성품으로 잘 견디는 듯하지만 이런저런 이유로 술을 마시면 감당할 수 없을 정도로 억지와 불만과 분노를 쏟아 내곤 했다.

처음에는 '남편도 얼마나 힘들고 마음이 아플까? 조금 지나면 괜찮아지겠지.' 하며 남편을 최대한 존중했다. 하지만 시간이 지날수록 남편의 주사(酒邪)는 정도가 심해졌다. 게다가 매사에 거짓말을 하기 시작했다. 언사가 거칠어지며, 상대방을 의심하고, 술을 마시고 들어온 날에는 밤새 괴롭히다 새벽녘에야 쓰러져 자곤 했다.

이런 아빠의 모습을 아이들이 볼까, 들을까 정신없이 아이들의 방패막이가 되어야 했다. 혹 아이들이 눈치챈 것 같으면 아빠가 왜 그랬는지 필요 이상 설명했다. 아이들에게 허물어진 아빠의 모습을 보이고 싶지 않아 참 많이도 애를 썼다.

이런 노력에도 남편은 어차피 가족과 자신에 대해 바닥까지 보인 마당에 더 못할 것이 없다는 듯 부정적인 모습을 계속 보였다. 그런 남편에게서 시아버지의 모습이 보이기 시작했다. 그래서 많이 싸웠다. 어쩌다 이렇게까지 되었을까? 하나님이 원망스러웠고, 나 자신이 한없이 불쌍하고, 어떻게 해야 할지 몰랐다.

하나님을 가까이 할수록

섬기던 교회가 어려움을 겪게 되었다. 목회자에 대한 불신과 성도의 분열로 교회가 나뉘었다. 그때 교회 건축을 위해 강단에서 눈물로 기도하시는 목사님의 모습을 보게 되고, 건축을 위해 물질을 드리고 싶어 하나님께 기도했다. 그리고 결혼 때 받은 예물을 팔아 건축헌금으로 드리고 피아노 학원을 운영하고 있었기에 따로 2천만 원을 작정해서 매달 건축헌금을 드렸다.

하나님을 가까이 할수록 남편의 핍박은 거세졌다. 매달 건축헌금 하는 것을 알게 된 후 더 심해졌다. 내가 수고해서 아끼며 드리는 헌금임에도 남편은 받아들이지 못했다. 교회의 안수집사였음에도 말이다.

금요기도회가 있던 날, 만취한 남편은 예배드리던 나를 끌고 나갔다. 차에서 성경을 찢기 시작했다. 어느 날은 술에 취해 자신의 손에 칼을 쥔 채 하나님이 좋은지 자기가 좋은지 선택하라고 하였다. 나는 하나님이 좋다고 대답했다. 하나님을 사랑하기에 당신을 사랑하는 것이라고. 누가 먼저가 아니라 하나님을 사랑하듯이 당신을 사랑하는 것이라고. 그러자 남편은 더이상 할 말이 없는지, 손에 들고 있던 칼을 스스로 던지고 나갔다. 내 안에 계신 성령님의 도우심이었다. 이런 공포와 두려움의 상황이 몇 차례 있었다.

그런 일이 있을수록 나는 하나님께 더욱 엎드렸다.

"하나님 저의 교만함과 뼛속 깊이 자리잡고 있는 인간의 죄성을 뿌리째 뽑아 주세요."

연약함을 고백하며, 아픈 일들을 통해 하나님을 더욱 의지하며, 담대하게 세워져 가고 있었다.

광야 견디기

매일 QT를 시작했다. 40일 작정 새벽기도, 40일 아침 금식을 하며 하나님께 더욱 매달리며 하루하루를 보냈다. 기도의 골방이 따로 없지만, 안방 화장대를 골방 삼아 매일 저녁 말씀을 묵상하며 기도했다. 그럴 때마다 주님의 따뜻한 품에 꼭 안아 주시는 것을 참 많이 느꼈다.

"많이 힘들지? 내가 다 안단다. 반드시 내가 너를 세워 줄 거란다. 하지만 이 광야에서 하나님의 음성을 듣는 법을, 하나님과 이웃을 사랑하는 법을, 아버지의 뜻을 분별할 수 있는 지혜를 배우게 하는 것이 내 계획이란다."

하나님은 자아를 깨어지게 하시고, 모든 것을 하나하나 내려놓고 아버지의 뜻에 순종할 수 있게 하시려고 고독함 속에 두셨다. 참 초라했고 비참했다. 인격은 무참히 짓밟히고 가난했다.

어느 날 저녁 하나님께 무릎을 꿇었다.

"왜 나만 겪는 고난이냐고 불평하지 마세요 고난의 뒤편에 있는 주님이 주실 축복 미리 보면서 감사하세요"

"똑바로 보고 싶어요 주님… 이 낮은 자를 통하여 어디에 쓰시려고 이렇게 초라한 모습으로 만들어 놓으셨나요 당신께 드릴 것은 사모하는 이 마음뿐 이 생명도 달라시면 십자가에 놓겠으니…"

찬양을 부르며 5시간 이상 하염없이 눈물을 흘렸다. 사람의 눈에서 이렇게도 많은 눈물이 흐를 수 있구나 생각할 정도였다.

그때 성령님의 강력한 임재를 느꼈다.

"혜경아, 내가 너를 사랑한다. 아프게 해서 미안하다. 내가 항상 네 곁에 있으니 조금만 견뎌 줄래?"

교통사고

어느 날 남편은 12시가 넘은 시간에 거래처 사장님과 회식하고 귀가하던 중, 집 근처 횡단보도 앞에서 20대 여성을 차로 치었다. 차로 사람을 치고 몇십 미터 정도 나갔으니 엄청난 사고였다. 남편은 너무 놀라 그 자리에서 얼음이 된 상태로 내게 전화했다. 그 밤에 급하게 뛰어나가 보니 차 앞 유리, 범퍼는 다 찌그러지고 자동차는 폐차 수준이었다. 생각도 하기 싫은 아찔한 상황이었다.

같이 가던 거래처 사장님이 환자를 가까운 병원으로 옮겼고, 나는 경찰서에 신고하고, 목사님께 연락드렸다. 그러고 나니 새벽 2시쯤 되었다. 경찰서에서는 날이 밝는 대로 일찍 현장에 가서 조사하겠다고 했다. 목사님은 남편에게 찜질방 가서 땀 좀 빼고 푹 쉬라고 하셨다. 왜냐하면 음주운전이었기 때문이다.

아침 일찍 경찰이 사고 현장에서 신호등, 횡단보도 위치, 차량 상태 등 모든 각도에서 조사했다. 그 결과 3, 4차선 도로에서 신호가 바뀌기 전, 황색 신호일 때 피해자가 대각선으로 뛰어왔고, 이미 신호등이 녹색으로 바뀐 상태에서 남편의 차에 치인 것이라고 하였다. 경찰은 여러 가지 정황으로 볼 때 상대방 과실도 있으니 서로 좋게 합의하라며 갔다.

남편과 함께 사고를 당한 피해자가 입원한 병원으로 갔다. 다행히도 골반뼈에 금이 간 정도였다. 마침 피해자 오빠가 와 있었는데, 그 사람은 당장 남편의 혈액 검사를 하자고 주장했다. 음주운전에 뺑소니 같다며 흥분한 사람에게 몇 번이고 사과했다. 원하는 대로 최선을 다해 보상하겠다고 했다. 그리고 우리 잘못이니, 어떤 대가라도 치를 각오를 하고 날마다 피해자를 찾아다니며 기도하기 시작했다. 그러나 상대방은 합의할 생각이 전혀 없는 듯했다. 남편을 당장 유치장에 가두고 다시 수사하라고 했다. 그래서 남편은 경찰서에서 며칠 더 있었다.

일주일 후 혈액 검사 결과, 남편에게 음주운전 혐의가 나오지 않았다. 엄밀히 따지면, 횡단보도에서 피해자가 더 큰 잘못을 했으며, 뺑소니도 아니기에 경찰은 남편을 내보냈다. 그럼에도 상대방과 합의가 되지 않았다. 남편은 결국 교도소까지 가게 되었다. 내 생일에 호송되어 가는 남편의 뒷모습을 보며 앞이 캄캄했다.

'세상 살아가는 일이 참 어렵고 힘들구나. 때로는 꿈꾸고 계획했던 것과 다르게 한 치 앞도 예측할 수 없는 슬픔과 고통이 기다리고 있구나'

이 일이 윤식이 초등학교 1학년 때 일이다. 아빠가 일주일이 지나도 집에 오지 않으니 아이들이 아빠를 찾기 시작했다. 하지만 아이들에게 사실대로 말하기가 두려웠다. 그래서 아빠는 일 때문에 출장을 갔다고 둘러대고, 아이들이 정서적으로 불안해하지 않도록 여러 면에 신경을 더 썼다.

빚과의 전쟁

남편이 의정부 교도소로 간 날, 남편이 운영하던 사업장으로 갔다. 그런데 그곳에는 이미 사채업자들이 와 있었다. 그때까지 사채(私債)라는 것을 들어본 적이 없는 내게 그들은 말했다.

"당신 남편이 여기 있는 우리들한테 사채를 빌렸어. 원금에 이자까지 다 갚아."

나는 돈을 주어도 알고는 주어야 한다고 생각했다. 막무가내로 소리를 지르는 그 사람들에게 도대체 무슨 돈을 달라는 것이냐고 물었다. 그중 한 사람이 나서서 말했다.

"당신 남편이 나한테 삼천만 원을 빌렸어. 고리 이자까지 갚아야 한다고."

알고 보니 남편은 열 군데가 넘는 곳에서 사채를 끌어다 썼다. 적게는 오백만 원에서 많게는 오천만 원까지.

매일 사채업자들이 돌아가며 사업장을 찾아왔으며, 받을 돈을 일수로 찍어갔다. 매일 가져가는 돈은 이백만 원이 넘었다. 거기에 거래처에도 밀린 금액이 너무 많았고, 은행, 친구 등등 갚아야 할 빚이 산더미처럼 쌓여 있었다.

이런 모든 상황이 사업하며 벌여 놓은 일이라니 믿기지 않았다. 그동안 그렇게 많이 번 돈은 다 어디에 썼을까? 돈, 돈, 돈 하시는 아버지 밑에 내 돈도 내 것, 남의 돈도 내 것, 하루에 150-200만 원도 술값으로 쓰는 사람이 그 많은 사채를 어디에 탕진했는지 알 길이 없었다. 사업장을 어떻게 이렇게 운영했을까 기가 막혔다. 나는 또 하나님을 찾을 수밖에 없었다.

"하나님 어떻게 해요? 제가 이 일을 어떻게 감당하라

고요? 어디서부터 해결해 가야 하는지요?"

그 당시 일과는 아이들을 학교에 보낸 후, 교도소 남편 면회, 피아노 학원 출근, 남편 사업장 출근, 교통사고 환자와 합의하기 위해 병원 방문, 사채업자들과 금액을 타협, 매장 정리, 아이들 돌봄, 맡겨진 교회 일을 감당하는 것이었다. 몸이 열 개라도 모자랄 지경이었고, 하루하루가 정신없이 지나갔다.

그러던 중 기도원으로 기도하러 가고 싶은 마음이 간절했다. 예전에는 기도원으로 가는 버스를 볼 때 이런 생각을 했었다(인생의 쓴맛을 경험하지 못했을 때).

'가정이나 교회, 삶의 자리에서 기도하며 말씀을 묵상하지 저렇게까지 짐을 챙겨서 기도원까지 가야 하나?'

그러나 이제는 내 마음이 기도원을 향하게 되었다. 그래서 다른 일들을 모두 다른 사람에게 부탁하고 오산리기도원에 갔다. 예배의 자리에 들어가는 순간부터 눈물이 쏟아지기 시작했다.

말씀이 끝난 후 목사님은 안수받을 사람은 앞으로 나오라고 하셨다. 사실 기도원에서 안수받거나, 잘 모르는 목사님께 감정에 치우쳐 기도받는 것을 싫어했었다. 하지만 그때는 내 영이 살아야 한다는 생각 밖에는 들지 않았다. 강단 앞으로 나아갔다. 안수받고 예배를 마친 후에는 생전 처음

기도굴에 들어갔다. 좁았다. 거기서 얼마나 뜨겁게 기도를 했는지, 하나님이 나의 모든 것을 만지시는 시간이었다. 그 후로 몇 번 더 기도원에 갔다. 넓은 자연 속에 영혼이 풍성해지는 것을 느껴 너무나도 좋았다.

그렇게 내 영이 가벼워지는 것과 달리, 남편이 낸 사고 후유증은 계속 가족을 힘들게 했다. 그래서 변호사를 선임했다. 피해자 쪽에 얼마만큼이라도 충분히 보상하려 했는데 합의해 주지 않았다. 피해자의 어머니는 보험 영업을 하는 사람까지 고용해서 뒷조사를 하였다. 젊은 부부가 사업장, 피아노학원, 집도 있다는 것을 알게 되었고, 이번 기회에 돈 좀 챙겨 보자 했다.

하지만 변호사 덕분에 우리는 피해자 쪽에 병원비와 후유 위로비 등만 지불하는 것으로 정리되었고, 남편은 의정부교도소로 들어간 지 거의 100일 만에 나오게 되었다.

교도소에서 나온 남편은 전보다 더 위축되고 자신감이 없어졌다. 매장에도 잘 나가지 않았고, 자기가 부딪치며 정리해야 할 일들도 피하기 시작했다. 그러다 보니 남편이 출소한 후에도 모든 일은 내 몫이 되었다.

'그래. 나라도 정신차리고 해결해 나가자. 어차피 피할 수 없는 일이라면 하자.'

많은 사채업자를 한 사람씩 만나 갚아야 할 금액을

정리하기 위해 각 사람에게 얼마를 줘야 하는지 하나님께 여쭈었다. 신기하게도 그때마다 하나님은 정리해야 할 금액을 알려 주셨다.

얼마 후 이런 상황을 알게 된 시아버지가 당장 일산으로 달려오셨다. 매장에서 소리를 지르시며 자초지종을 물으셨다. 나는 지금까지 상황을 말씀드렸다. 사채, 은행, 거래처, 친구 등에게 갚아야 할 금액을 대충 계산해 보니 5-6억 정도 되었다. 23년 전이었으니 엄청난 금액이었다.

결국 피아노학원도 정리하고, 차도 팔고, 대출까지 받아 살던 집보다 더 큰 평수의 아파트를 샀다. 그 아파트를 담보로 대출을 받아 빚을 정리했다. 그 어느 때보다 더 열심히 일했다. 매장과 함께 운영하던 아트 사업장, 그 외에 내가 번 모든 수입으로 빚을 갚기 시작했다.

시아버지는 1억 원짜리 어음을 발행해 주셨는데, 그것을 받기까지 엄청나게 시달리는 대가를 치러야 했다. 친정에서도 3천만 원을 주셔서 빚 정리에 보탰다. 마지막으로 남아 있던 매장과 아파트도 경매에 붙여졌고, 그렇게 하니 그 많던 빚이 다 정리되었다. 대신 남은 것은 아무것도 없었다.

거절

모든 것을 정리하고, 보증금 일천만 원에 월세를 내는

아파트를 계약금 오백만 원을 주고 계약했다. 나머지 잔금은 한 달 후에 지불하기로 했다. 그때 내게는 남은 돈이 하나도 없었기에 시아버지를 찾아가 무릎 꿇고 부탁드렸다.

"오백만 원만 보태 주시면 저희가 다시 열심히 일해서 갚을게요."

시아버지는 단번에 거절하시다 못해 면박을 주셨다.

"목사 딸, 재수 없는 것이 우리 집에 들어와 집안을 다 망하게 했다. 이제 그만 친정으로 가라."

할 수 없이 시고모님을 찾아갔다. 형편이 넉넉하신 편이라 우리의 급한 사정을 말씀드리고, 간곡하게 오백만 원을 부탁드렸다. 그러나 시고모님도 시아버지와 똑같이 말씀하셨다. 오백만 원이 적은 돈은 아니지만 그분들은 충분히 도와주실 수 있는 여건이 되셨다. 오갈 데 없는 불쌍한 입장이니 한 번쯤은 도와주시리라 기대했기에 거절당한 슬픔이 너무 컸다.

이사 날짜가 다가와 살고 있던 집을 비워야 했다. 더 이상 방법이 없었다. 시아버지는 50평대 아파트에 혼자 살고 계셨기에 짐을 시댁에 맡길 수밖에 없었다. 하지만 시아버지는 문도 열어 주지 않으셨고, 전화도 받지 않으셨다. 결국 짐은 하루에 5천 원씩 내고 맡기는 이삿짐센터로 옮겨졌다. 얼마나 서럽고, 아프고, 눈물 나는 하루였는지. 그때 심정은 말로 이루 표현할 수 없다.

또 다른 길

떠돌이 생활

아이 둘과 책가방, 옷가지 몇 벌만 챙겼다. 당시 아파트 근처에 살면서 피아노학원과 사업장을 같이 하던 백학교회 출신인 아는 동생의 원룸으로 들어갔다. 그 집에는 우리 말고도 백학교회 청년 한 명이 머물고 있었다.

떠돌이 처지가 된 인생이 너무 초라하고, 모두에게 미안하고 부끄러웠다. 내게는 윤식이와 신혜 외에는 아무것도 남지 않았다. 남편은 아무런 도움도 되지 못했다. 이 모든 것을 지켜보면서 그냥 받아들여야 할 현실처럼 침묵만 지키고 있었다. 어둡고 소망이 없어 보이는 날들의 연속이었다. 그런데 이렇게 되기까지 우리 친정 식구들은 아무도 몰랐다.

결혼은 잘 살아 보겠다고 내가 선택한 십자가였다. 목사 딸이자 하나님의 딸로 복음을 전하며 영혼을 구원하는 일에 최선을 다해야 했기에, 13년을 쉬지 않고 달려왔다. 열심히 모든 일에 최선을 다하며 살아온 시간이었다. 그렇지만 현실은 떠돌이 신세였다.

백학으로

아는 동생의 원룸에서 함께 있던 청년은 건강이 회복되어 백학으로 돌아가게 되었다. 때마침 서울에서 사역하던 친정언니도 백학교회의 요청으로 백학으로 가게 되었다. 그래서 나도 백학으로 가기로 했다. 그러나 마음 깊은 곳에서는 백학으로 가기를 거부하고 있었다.

"하나님, 백학 아니에요. 도저히 백학은 갈 수 없어요. 부모님, 교회의 많은 성도님, 장로님, 권사님 등 저를 사랑해 주시고 축복해 주신 분들 앞에 이렇게 초라하고 부끄러운 모습으로 돌아갈 수는 없어요. 하나님이 백학 말고 가라고 하시는 다른 곳은 어디든 갈게요."

그때 매일 Q.T를 하고 있었는데, 묵상하던 말씀이 "룻기"였다. 나오미가 베들레헴을 떠나 모압에서 남편과 두 아들을 모두 잃고, 자부 룻과 함께 다시 베들레헴으로 올라오는 장면이었다.

> 나오미가 그들에게 이르되 나를 나오미라 부르지 말고 나를 마라라 부르라 이는 전능자가 나를 심히 괴롭게 하셨음이니라 내가 풍족하게 나갔더니 여호와께서 내게 비어 돌아오게 하셨느니라 여호와께서 나를

징벌하셨고 전능자가 나를 괴롭게 하셨거늘 너희가 어찌 나를 나오미라 부르느냐 하니라(룻 1:20-21).

이 말씀에 한없이 울었다. 마음 한 구석에 백학으로 가는 것을 마치 원점으로 돌아가는 것으로 느껴져서 더욱 슬프게 했다. 부끄럽고 초라한 모습으로 돌아가고 싶지 않은 마지막 자존심이었달까? 하지만 하나님은 말씀을 통해 이 마음까지도 내려놓고 하나님을 신뢰할 수 있도록 하셨다.

"혜경아, 나와 함께 가자. 내가 너로 큰 민족을 이루고 네게 복을 주어 네 이름을 창대하게 하리니 너는 복의 근원이 될지라."

그 말씀에 나는 엎드렸다.

"하나님, 알겠어요. 갈게요. 그런데 3년 안에 일산이든 서울이든 다시 나오게 해 주세요. 백학에서 오래 살 수는 없잖아요. 이제 제 나이 서른 여섯이에요."

백학 청년과 윤식, 신혜와 함께 원룸 생활을 한 지 3개월 만에 친정인 백학으로 그렇게 돌아왔다.

그때가 4월 중순이었다. 아이들 학교를 전학시키고 나니 처한 현실이 다가왔다. 이제 어떻게 살아야 할지 막막했다. 은둔생활이 시작되는 것 같았다. 내가 백학으로 들어와서야 친정 식구들은 그동안 살아온 삶을 알게 되었다. 그런 와중에 시아버지는 전화하셔서 거친 욕을 서슴없이 내뱉었다. 그런데 그것은 단순히 화가 난 감정에서 나오는 욕이 아니었다. 사탄의 노예가 된 악한 영의 소리였다. 시아버지가 두렵기도 했지만, 한편으로는 너무 불쌍하고 안쓰러웠다.

이혼 강요

백학으로 온 후, 시아버지는 몇 번이고 친정에 전화했다. 어머니께 우리를 이혼시키지 않으면 나를 죽이겠다고 하셨다. 또 막무가내로 나에 대해 온갖 험담을 하셨다. 어머니는 내게는 말도 못 하시고 속으로만 기도하셨다. 그러다 어느 날 조용히 내게 물으셨다.

"무슨 일이 있었냐? 박 서방이랑 이혼 할래?"

"아니, 하더라도 지금은 아니야. 아직 감당해야 할 일이 아직 많아. 다 정리되면 그때 생각해 볼게."

결혼 후 13년이 주마등처럼 지나갔다. 꿈꾸는 것 같았다. 그렇지만 그 많은 문제와 고통스러운 순간마다 하나님은 말씀과 기도의 자리로 나를 부르셨다. 아버지 마음을 배우게 하셨으며, 겸손함과 낮아짐으로 말씀에 순종하게 하셨다.

"이제 백학에서 시작되는 나의 삶을 인도하시고, 아버지의 사랑을 또 한 번 경험되게 하옵소서."

자립과 안정

당시 친구가 백학에서 보습학원, 피아노학원을 운영하고 있었다. 피아노학원에서 강사를 하던 친한 동생은 피아노 레슨을 하면서 선교지로 나갈 준비를 하고 있었다. 친구는 내게 피아노학원을 맡아서 운영하라고 했다. 참 감사했다. 수강생이 많지 않아 수입이 월 오십만 원 정도였다. 적지만 다시 시작하리라는 마음으로 그곳에서 열심히 피아노를 가르쳤다. 하나님은 매일 새로운 학생들을 보내 주셨다. 얼마 지나지 않아 월 3백만 원 이상의 수입을 허락하셨다. 백학교회에서, 학원에서, 친정에서 아이들과의 생활이 새롭게 시작되었다.

내겐 오래전부터 소원이 한 가지 있었다. 그것은 정신적 지주이신 친정아버지와 잠시라도 같이 살고 싶다는 것이었다. 막연하게 친정아버지와 6개월 만이라도 같이 살게 해 주시기를 하나님께 기도한 적이 있었다. 그런데 실제로 친정아버지와 시간을 보낼 수 있게 되었다. .

우리 셋은 정신없이 떠밀리듯 백학에 들어왔지만, 일산에 남아 있었던 남편은 여전히 힘들어했다. 술 힘을 빌어 사람으로 할 수 없는 말과 행동을 어지간히도 많이 했다.

어느 날은 술을 마신 채 백학으로 왔다. 교회를 불태

우겠다고, 다 죽이겠다고 칼을 품고 온 것이다. 늦은 시간이라 거실에서 누워 있었는데, 밖에서 고성을 지르는 남편 목소리가 들렸다. 그런 남편을 아버지가 집으로 데리고 들어오셨다. 소파에 앉아 남편과 두런두런 얘기를 나누셨다. 당신 딸을 이렇게 만든 사람인데, 아버지는 왜 그랬냐고 한 마디도 묻지 않으셨다. 어쩌면 그렇게 조금도 야단을 치지 않으실까? 아버지는 내가 불쌍하지도 않으신가? 왜 저 사람만 감싸시는지 화가 나기도 했다. 꾸중은커녕 오히려 오늘은 시간이 늦기도 하고, 새벽 안개가 많이 끼었으니 자고 가라고 하셨다. 참 많이 울었다. 남편이 아버지와 많은 이야기를 나눈 후 간다고 하니, 아버지는 남편을 교회 앞마당까지 배웅하셨다.

백학에서는 매일 저녁 가정예배를 드렸다. 아버지가 설교하시며 이렇게 말씀하셨다.

"혜경아, 우리는 예수님의 사랑으로 용서해야 한단다. 사랑해야 한단다. 박 서방이 아직 예수님을 만나지 못해서 그러니 우리가 용서하자. 우리의 힘으로는 안 되지만, 예수 그리스도의 십자가의 사랑으로는 충분히 가능하단다."

그렇지만 내 속에서는 그게 되지 않았다.

"용서가 되지 않아요. 난 그들이 너무 밉고, 얼굴도 보고 싶지 않고, 저주하고 싶다고요."

나는 40일 작정 기도, 40일 아침 금식 등을 하며 1년에 반 이상은 작정 기도를 했다. 남들은 작정 기도 끝나면 하나님이 응답해 주셨다는 간증을 많이도 하던데, 내게 작정 기도는 그다음에 감당해야 할 문제를 위한 준비 기도였다. 그래서 작정 기도를 별로 좋아하지 않았다. 그런 중에도 하나님의 은혜 가운데 하루하루 아픔도 아물어져 가고, 상처도 조금씩 회복되어 갔다. 분주하고 정신없이 달려온 시간 속에 놓쳤던 많은 것을 차분하게 정리하며 계획하곤 했다.

오전에는 하나님과 만남, 오후에는 학원 레슨, 저녁에는 아이들과 함께하는 시간을 가졌다. 그리고 틈틈이 책을 읽기 시작했다. 내 손에서 책이 떨어지지 않을 만큼 매일 많은 책을 읽었다. 그때는 책 선물 받는 것을 최고의 기쁨으로 여길 정도였다. 영육 간에 규칙적인 생활이 이어지니 나름 감사하고 행복했다.

아, 아버지, 아버지

어느 토요일, 아버지께 감기 증상이 있어 병원에 가서 링거를 맞혀 드리고 모셔 왔다. 그날 남편은 아이들이 보고 싶어서 백학에 와 있었다. 아버지는 온 가족이 잠시 일산에 다녀오라고 하셨고, 우리를 배웅해 주시며 즐거운 시간 보내고 오라고 하셨다.

일산으로 갔다가 저녁 늦게 돌아와 교회 마당에 도착하니, 교회 성도님의 차가 많이 세워져 있었다. 무슨 일이 있는가 하고 사택으로 내려와 보니, 교회 권사님과 한 청년이 기다리고 있었다. 그들은 아버지가 저녁 식사 후 돌아가셨다고 했다. 우리를 장례식장으로 데리고 가려고 기다렸다고 하였다.

그 말을 듣고 나는 정신을 잃을 뻔했다. 아버지가 계시지 않으면 나는 못 사는데, 외할아버지의 기도와 사랑을 독차지했던 우리 아이들은 어떻게 되나 정신을 차릴 수 없었다.

"하나님 왜요? 왜 이렇게 갑자기 데리고 가세요? 저는 어떻게 하라고요? 아직 아버지를 보내 드릴 준비가 안 되었는데요. 내가 잘 되어서 행복해지는 모습을 보여 드려야 하는 데요."

아버지의 장례는 오일장을 하게 되었다. 호주에서 목회하는 오빠도 와야 했다. 나는 3일 동안 먹지도 자지도 못하고 울기만 했다. 4일째 되는 날, 하나님의 음성을 들었다.

"혜경아. 네가 많이 사랑하는 아버지이지만, 나에게도 사랑스러운 아들이란다. 네가 이 땅에서 아버지를 행복하게 해 줄 수 있는 것도 많겠지만, 내가 천국에서 아버지를 더 많이 행복하게 해 줄게. 사랑하는 아버지를 나에게 양보해 줄 수 있겠니?"

하나님의 물음에 그제야 대답할 수 있었다.

"그럴게요."

그 후 하나님은 놀랍게도 눈물과 슬픔을 거두시고, 대신 기쁨을 허락하셨다. 그 뒤로 아버지를 그리워하며 한 번도 슬퍼하지 않았다. 하나님은 아버지와 나를 꼭 6개월 같이 살게 하시고 천국으로 데려가셨다. 이럴 줄 알았으면 좀 더 오랜 시간 같이 살게 해 달라고 기도할 것을…. 너무나 정확하신 하나님이시다.

지금 아버지의 자리는 비어 있지만, 늘 곁에 계시는 듯하다. 인자한 미소와 따뜻한 손으로 내 손을 잡아 주시며 기도해 주셨던 아버지, 매일 새벽기도 후 차례대로 자녀들의 머리에 손을 얹고 축복해 주셨던 아버지. 물론 윤식, 신혜까지도. 신혜가 바이올린을 연주하면 많이 행복해하셨고, 아이들이 잠자리에 들 때는 "예수 사랑하심을", "복의 근원", "주 안에 있는 나에게" 등의 찬양을 불러 주시며 재우셨던 아버지. 그 아버지가 많이 그립다.

아버지가 어떻게 목회를 하셨는지 나는 안다. 얼마만큼 하나님을 사랑하며 그 길을 걸어가셨는지도 또한 안다. 그래서 나는 기도하였다.

"겸손하게 선한 싸움 다 싸우고 달려갈 길 다 간 후에 주님 얼굴 뵈올 때, 잘했다고 칭찬받는 제가 될게요."

치유의 시간

백학에서 사는 날이 더해 가는 동안 하나님은 나와 두 자녀를 치유하시기 위해 각자의 모습과 환경에 개입하셨다. 때론 생각하고 싶지 않은 고통 앞에 직면하게 하셨고, 자녀들의 병든 마음의 상처를 조금씩 드러내셨다.

백학은 우리를 날마다 새롭게 했다. 매일 아침, 찬양으로 아이들 눈을 뜨게 했다. 아침 식사 전 말씀 한 절을 같이 읽고, 기도하며, 아이들 등굣길에 산책할 겸 같이 걸어갔다. 시골의 자연은 참 아름다웠다. 풀 한 포기도, 들꽃 한 송이도 신비로웠다. 계절별로 아름다움을 우리에게 선물했다. 그런 가운데 우리는 영육 간에 새로워졌다.

물론 여자 혼자 아이들을 양육한다는 것은 결코 쉬운 일이 아니었다. 시댁은 물론, 아이들 아빠도 우리가 어떻게 생활하는지 관심도 없는 듯했다. 생활비, 교육비 지원도 전혀 없었다. 그럼에도 나는 아이들이 할아버지와 아빠에게 더 잘 할 수 있도록 교육했다.

어머니마저

아버지가 돌아가신 지 2년 만에 어머니도 소천하셨다. 몸이 편찮으셔서 병원에 입원하신 지 2-3주 만에 하나님의 부르심을 받았다. 아버지의 죽음을 경험한 후였기에 조금은 차분할 수 있었다. 하나님의 딸로, 어머니로 평생을 주를 위해 헌신하시다가, 영광스러운 천국에서 사랑하는 하나님과 아버지를 만나 기쁨을 누리신다면, 이 땅에서의 슬픔과 아쉬움을 견딜 수 있을 것 같았다.

두 분 다 많이 힘들지 않게 하나님을 뵐 수 있어서 참 감사하게 생각한다. 이것도 하나님의 은혜요 축복임을 고백한다. 하나님은 부모님이 사랑하는 딸의 아픔을 이 땅에서 감당하기에는 너무도 커서 두 분을 빨리 천국으로 데려가신 듯하다.

자라는 아이들

윤식 p.154

윤식이는 중학교 입학 후, 학교에서 배드민턴을 시작하게 되었다. 코치는 윤식이가 재능이 있다며 제대로 키워 보자고 적극적으로 훈련을 시켰다. 그때마다 윤식이는 거절했다.

"저는 목사님이 되는 것이 꿈이어서 안 돼요."

결국 코치가 엄마인 내게 전화했다. 윤식이는 배드민턴에 재능이 많으니, 고등학교는 배드민턴 선수를 육성하는 학교로 보내자고 했다. 이미 두 군데 고등학교에서 윤식이가 왔으면 할 정도라는 것이다.

결정을 내려야 하는 시기, 윤식이는 기도하면서 하나님이 주시는 마음에 순종하기로 했다. 함께 기도를 했지만, 윤식이가 영적으로, 정서적으로 조금씩 안정되어 가는 때에, 아들을 품에서 내보내 훈련시키는 것에 마음의 준비가 되지 않았다. 너무나 힘든 시간이었다.

"우리 언젠가 하나님이 부르시면 모든 것을 내려놓고 순종하자고 한 약속 생각나지? 그때가 지금이라 생각하면 안 될까? 합숙하면 주일성수도 어렵고, 외부로 한 달 이상 나올 수 없을 때도 있다고 하는데, 엄마는 우리 윤식이가 하나님을 예배하는 자리를 가장 우선순위로 두길 원해."

같이 이야기를 나누면서 윤식이는 배드민턴을 좋아하지만 선수로 가는 것을 결국 포기했다. 윤식이는 일주일을 머리맡에 배드민턴 채를 두고 잠이 들었는데, 그 모습을 보며 마음이 참 아팠다.

그 후 윤식이에게 배드민턴만큼 좋아하고, 하고 싶은 것이 있다면 무엇이냐고 물었다. 윤식이는 노래가 하고 싶다 했다. 그래서 신혜가 다니는 예고의 성악과장님을 소개받아 레슨을 받기 시작했다. 신혜는 바이올린, 윤식이는 성악을 하게 되어 나 혼자 교육비를 감당하기에는 부담이 컸지만,

하나님의 은혜로 이루어 갈 수 있었다

매일 저녁 식사 후, 교회로 올라가 신혜는 바이올린 , 윤식이는 성악을 연습하며 최선을 다했다. 그 결과 1학기가 지난 후, 고양예고 선생님이 음악과에 자리 하나가 있다며 윤식이를 추천해 주셨다. 하지만 혼자서 아이 둘을 예고에 보내는 것은 경제적으로 너무 버거운 일이었기에, 윤식이의 입학은 거절했다. 그러자 윤식이는 성악은 거기까지만 하고 보컬을 배우겠다고 했다. 레슨을 위해 백학이라는 시골에서 서울로 매주 나가는 것이 쉬운 일이 아니었다. 그래도 윤식이는 자신의 자리에서 열심을 내며 하나님의 은혜를 구하였다. 윤식이는 CCM 가수를 꿈꾸며 열심히 노래를 배웠다. 오디션을 준비하며 최선을 다했다.

독일로 p.155

신혜는 일산에 있는 고양예고를 좋은 성적으로 입학했다. 어느 날 하나님이 신혜를 독일로 유학 보내는 생각을 주셨다. 더 놀라운 것은 신혜가 어려서부터 다이어리에 적어 놓았던 내용이다.

'하나님, 저 독일로 유학 보내 주세요.'

그렇지만 내 마음에는 '우리 형편에? 신혜는 아직 어린데?' 라는 생각이 들어 많은 고민을 하게 되었다. 당시에는 신혜를 생각할 때 모든 것이 바이올린에만 초점이 맞춰져 있었기 때문이다. 그래서 일주일을 기도하며 하나님께 여쭈었다.

어쩌면 새로운 곳에서 처음부터 다시 시작하는 좋은 계기가 될 것 같은 생각이 들었다. 그리고 내가 알 수 없는 하나님의 놀라운 계획이 있을 것이라는 신뢰가 생겼다. 신혜는 예고 1학년 2학기에 자퇴를 하였다. 1년을 준비해서 독일로 가게 되었다. 하나님이 감동을 주셔서 보내는 것이니 신혜가 가는 걸음걸음을 하나님의 은혜와 평강으로 지켜 주시길, 인도하여 주시길, 다스려 주시길 간절히 기도하며 축복하는 마음으로 보냈다.

하지만 헤어짐이 주는 서운함과 아픔은 이루 말할 수가 없었다. 신혜를 보내고 한동안 너무 보고 싶었다. 내 마음에는 신혜가 아직 어리게만 보였기에, 너무 먼 곳까지 보낸 것이 안쓰럽고, 언어도 안 통하는데 과연 이 아이가 잘 견뎌낼 수 있을까 생각을 하니 마음이 많이 아팠다.

신혜는 독일에 갈 때 필요한 거의 1년 치의 짐을 혼자 들고 갔다. 혼자 떠난 걸음이기에 독일 슈만하우스에 도착하는 동안 어려운 일이 있었다. 하지만 고비고비마다 하나님의 도우심을 경험하게 하셨다. 하나님의 천사가 신혜를 순간순간 지킨 것이다. 신혜가 독일에 무사히 도착한 후 그간 있었던 일을 들으니 '내가 무슨 배짱으로 그 어린 것을 거기까지 보냈을까?'라는 생각이 저절로 들었다.

그때는 우리의 삶이 하루하루 하나님의 도우심과 인도하심이 없이는 살아갈 수 없고, 오직 주님만이 우리의 힘과 방패시요 살아가는 능력이었으며, 온전히 하나님만을 의지하며 살던 하루하루였기에 가능했을 것이다.

하나님은 우리로 하여금 세상 어디에도 기댈 곳이 없게 하셨다. 주님만이 우리의 도움이 되시며 빛이 되시기에, 주님 손 놓고는 정말 단 하루도 살 수 없는 그런 시간을 살게 하셨다. 우리를 택하셔서 사용하시려고, 우리를 더욱더 하나님의 자녀를 삼기 위해, 성령님이 우리를 다시 태어나게 하시기 위해, 자아가 산산이 부서지고, 주님 앞에 내려놓는 훈련을 하는 시간을 갖게 하셨다.

모든 것은 돌아가고

시아버지 소천

기도하는 중에 성령님의 강력한 음성이 들렸다. 시아버지의 영혼 구원에 대한 것이었다. 백학에서 사는 동안에도 나름 시아버지께 최선을 다했다. 때가 되면 조그만 것이라도 준비하여 아이들에게 할아버지를 찾아뵙게 하였다. 그리고 나도 시아버지께 전화해서 많이 외롭고 힘드시지만 꼭 예수님을 믿으셔야 한다고 말씀드렸다.

성령님의 감동이 있던 그날도 시아버지와 통화했다. 그런데 놀랍게도 시아버지는 진심으로 사과하셨다.

"너에게 진심으로 미안하고, 그동안 착한 너를 많이 힘들게 했다. 용서해라."

뿐만아니라 당신도 예수님을 믿겠다고 하셨다. 할렐루야였다. 시아버지의 그 말씀을 들으니, 지난날 수없이 많은 날을 눈물로 지새워야 했고, 고통 속에 부르짖으며 하나님께 무릎 꿇었던 시간이 떠올랐다.

그렇게 시아버지와 자주 전화 통화할 때 쯤이었다. 윤식이가 전화하더니, 할아버지가 어제도 오늘도 전화를 계속 안 받으신다고 했다. 나 역시 전화했지만 연결되지 않았다. '혹시' 하는 생각이 스쳤다. 아무래도 마음이 편치 않아 윤식이에게 아빠한테도 말씀을 드리라고 시켰다. 그리고 윤식이에게 몇 가지 반찬과 과일을 싸 주며 아빠랑 할아버지께 다녀오라고 했다.

두 시간 후, 놀란 목소리로 윤식이가 전화했다.

"엄마, 할아버지 돌아가셨어. 너무 무서워. 빨리 와."

나는 정신없이 준비하고 서울로 갔다.

장례를 치르는 동안 참 많이 울었다. 시아버지 인생이

너무 불쌍했기 때문이다. 그분은 평생 돈이 전부였다. 가족에게는 따뜻한 사랑과 격려, 위로가 없었던 삶, 모든 것이 당신 중심이셨던 삶을 사셨다. 그런 시아버지로 인해 가족 역시 아버지의 자리를 늘 그리워 했고, 그리워한 만큼 외로움과 상처가 많았다.

윤식이의 CCM 오디션 날이 할아버지의 발인이었기에 오디션은 자연스럽게 포기하게 되었다. 장례 후, 시댁 식구들이 나에게 아프지 말고 항상 건강하라는 말을 하면서 미안함과 고마움을 전했다. 나 역시 그분들을 축복하며 백학으로 돌아왔다.

이혼 요청

아이들 아빠는 시아버지의 유산을 꽤나 받았을 것이다. 나와는 여전히 법적으로 부부이기에 아이들 아빠는 생각이 복잡했을 것 같았다. 장례를 마친 후, 남편은 예상했던 대로 이혼하자고 했다. 나는 남편의 유산에 대해 단 천 원의 관심도, 욕심도 없었다. 보호자는 하나님이시고, 아이들의 아버지는 참 부모이신 하나님 아버지임을 늘 고백하며 믿어왔기 때문이다. 그래서 아이들 아빠한테 돈 때문이라면 걱정 안 해도 된다고 말했다. 다만 남편의 입을 통해 들었던 이혼이라는 말이 그날따라 참 서글프게 들렸다. 그래서 또 하나님 앞에 앉아 울었다.

"하나님, 그동안 저는 하나님의 자녀로 목회자의 딸로 이혼을 하면 안 된다, 이혼은 덕이 되지 않는다, 하나님의 영광을 가리는 것이라고 생각했습니다. 그래서 끝까지 참고 견디며 치유와 회복의 은혜를 기다려 왔습니다. 그런데 그 은혜가 제게 주어지지 않는 건가요? 하나님은 제가 이혼하는 게 좋으세요? 이건 아니잖아요? 아이들은요? 나를 사랑하며 지켜봐 주는 사람들에게는 어찌하라고요?"

어느 날 말씀을 묵상하며 기도하는 중에, 성령으로 잉태한 마리아의 고백이 마음에 들어왔다.

> 주의 여종이오니 말씀대로 내게 이루어지이다
>
> (눅 1:38).

하나님이 내게 물으시는 것 같았다.

"혜경아, 이혼한다는 것이 그렇게도 부끄럽니?"

"아니요. 이제는 괜찮아요. 얼마 전까지는 어떠한 이유에서든지 이혼은 안 된다고 생각했고, 내 인생에 이혼이라는 오점을 남기고 싶지도 않았어요. 아이들과 친정 식구들에게 이러한 아픔을 주고 싶지 않았고, 하나님의 은혜로 회복되어 나 같은 삶을 통해 역사하신 하나님을 증거하고 싶었어요. 나도 웃으며 행복하고 싶었고, 고난이 유익이었다고 고난을 통하여 주의 율례를 배우게 되었다고, 모든 것이 하나님의 은혜라고 자랑하고 싶었어요. 그런데 지금은 아니에요. 부끄럽지 않아요. 예수님이 십자가에서 죽으심을 생각하면, 제가 이 세상에 어떠한 초라한 모습으로 세워져도 주님과 함께라면 행복할 수 있어요. 감사할 수 있어요. 하나님 한 분이면 충분해요."

시간이 제법 흘렀다. 백학에 들어온 지 벌써 10년이 다 되어 가고 있었다. 나름 행복하고 즐거운 시간을 보냈다. 아이들 양육에 경제적으로는 때때로 부족하지만 하나님이 풍성하게 하셨고, 하나님과 주변의 큰 사랑을 받으며 지냈기에 부요함을 누릴 수 있었다.

결국

그러던 중 법무사 사무실에서 일하는 분을 만나게 되었다. 내가 살아온 삶을 어느 정도 그분과 나누었다. 그분과의 만남은 아이들 아빠와의 삶을 정리하는 계기가 되었다. 그분은 아이들 아빠가 양육비를 전혀 지원하지 않았고, 아빠로서 역할도 하지 않았으며, 오히려 자기의 빚을 나에게 넘겨 내가 갚고 있으니, 절대 있을 수 없는 일이라고 하였다. 그러면서 그분이 이혼에 필요한 모든 서류를 준비해서 법원으로 보냈다. 그 과정에 아이들 아빠는 모든 것을 동의하듯 나를 만나지도 않고, 이혼과 관련된 우편물도 다 반송시켰다. 그러자 법원에서는 남편과 아빠로서 역할을 하지 않은 기간이 10년이 되어 이혼 조건에 부합이 된다며 이혼 결정을 내렸다.

그동안 이혼만은 하지 않으려고 그토록 애썼던 나에게 이혼은 현실이 되었다.

'이혼이라는 것이 이렇게도 쉽게 이루어질 수 있구나. 그와의 21년이라는 시간이 정리되는구나.'

그 무렵 윤식이는 군에 입대하게 되었고, 신혜는 독일에 있었다. 이제는 아이들 아빠와 서류상으로 완전히 정리되었기에 남매에게도 얘기할 수밖에 없었다. 아이들을 생각하니 참 마음이 무겁고, 미안하고, 아팠다.

그러나 다시 한 번 하나님 앞에 마음을 정돈하며 말씀을 생각했다.

> 이전 것은 지나갔으니 보라 새 것이 되었도다
> (고후 5:17).

광야에 길을 내시며, 사막에 강을 내시는 하나님을 의지하며 새롭게 시작하리라 다짐하였다. 분명 하나님의 선하신 계획이 있기에 여기까지 오게 하셨을 하나님, 에벤에셀의 하나님을 찬양하며 소망을 갖기로 했다.

아이들은 그동안 상처와 아픔, 때론 말 못할 외로움과 거절감을 느꼈을 것이다. 엄마 아빠가 다시 함께하길 기대하며 기도했을 것이다. 그러나 현실에서 이루어지지 않은 그 일로 인해 윤식이와 신혜는 마음이 많이 힘들었을 것이다. 하나님은 나에게 이런 남매의 감정을 더욱 섬세하게 살피며 기도하게 하셨다. 물론 그동안도 하나님의 은혜로 아이들을 만지시고 생각과 뜻을 다스려 주셨기에, 여전히 치유와 회복의 은혜를 경험하게 하셨기에, 그 은혜를 생각하며 나도 새 힘을 낼 수 있었다.

윤식이가 군대에 갈 시기가 되었을 때 하나님께 이렇게 기도했었다.

"하나님, 하나님이 제게 맡겨 주신 귀한 아들을 더 잘 키워 하나님께 돌려 드려야 하는데, 지금의 이 모습으로 드리는 저의 부족함을 용서하세요."

"혜경아, 오히려 내가 너에게 고맙단다. 내 사랑하는 아들 잘 키워 주어서. 너도 아프고 힘들었을 텐데 그럼에도 사랑하는 자녀들을 위해 기도하며 사랑으로 감싸고 돌보는 너의 중심을 내가 안다. 고맙고 사랑한다."

그 말씀에 내 마음이 한결 평안해지고 담대해졌다.

뜻밖의 진로

윤식이가 입대했다. 그동안 윤식이는 목회자, 배드민턴 선수, 성악, CCM 사역자 등을 꿈꿨었다. 나도 하나님을 믿고 있는 그 자리에서 하나님께 영광 돌리면 된다는 마음에 윤식이가 그 꿈들을 이뤄가길 바랐다. 그렇지만 환경상 그 꿈들은 그야말로 꿈이 되고 말았다.

윤식이는 어려서부터 운동을 좋아했던 터라 군대에서도 운동을 참 열심히도 했다. 그러더니 어느 날 갑자기 말했다.

"헬스 트레이너가 될까?"

나는 전과 달리 마음에서 바로 동의가 되지 않았다. 하지만 그때는 웬만한 일은 기도하면서 하나님의 계획하심 속에 지나야 할 과정인가 싶으면 바로 순종이 되었다. 하나님의 크신 은혜다. 때마침 크리스천 트레이너인 정주호 씨 방송을 보면서, 헬스 트레이너는 사람의 영·혼·육을 건강하게 만드는 멋진 역할이라는 생각을 하게 되었다.

제대한 윤식이가 정주호 씨를 만났다. 그곳에서 윤식이는 훈련을 받기 시작했고, 정주호 씨로부터 윤식이를 보디빌더로 잘 키워 보고 싶다는 제안을 받기도 했다. 그렇지만 시간이 흐르면서 윤식이는 헬스는 운동으로 만족했고, 다른 회사에 취직하게 되었다.

윤식이가 직장생활을 잘하던 중, 오래 전 내가 일산에서 살 때 같은 교회를 섬기던 집사님 내외분(지금은 장로님, 권사님)을 우연히 만났다. 장로님, 권사님은 각자 회사에서 은퇴하신 후 "식빵연구소"라는 카페 베이커리를 운영하고 계셨다. 일산에서 피아노학원을 운영할 때 그분들의 자녀들을 가르쳤는데, 두 분은 예전에 이모저모로 감사해서 언젠가는 보답하고 싶은 마음이 있었다고 하셨다. 그러시면서 혹시 윤식이가 관심 있으면 빵 만드는 일을 같이 하고 싶다고 하셨다. 윤식이에게 물으니 관심 있다고 하기에, 장로님 사업장에서 2년 반 동안 같이 일하게 되었다. 그곳에서 미처 생각지도 못한 제빵 재능을 발견하게 되었다. 윤식이가 그 일을 너무 좋아하고, 빵도 제법 잘 만들었다.

하나님의 인도하심은 참으로 신기하고 놀랍다. 윤식이 인생 속에 빵 만드는 일이라니. 정말 생각지도 못한 일이었다. 빵을 만들기 시작할 때 윤식이는 나에게 거침없이 기도를 부탁했다. 3년 안에 자기도 이런 카페 베이커리를 차릴 수 있기를 원하며, 이것을 통해 불쌍하고 가난한 사람들에게 빵을 나누어 주고 싶고, 자기가 만드는 빵으로 선교하고 싶다고 했다.

그런데 멋진 하나님은 순수한 윤식이의 기도를 들으시고, '식빵연구소'를 윤식이가 인수받아 일을 시작하게 하셨다. 제빵을 시작하고 2년 3개월 만의 일이었다.

새로운 삶으로

치유 상담

고통 속에서 하나님은 치유 상담에 관심을 갖게 하셨다. 하지만 당시 형편이 형편인지라 엄두가 나지 않았다.

"하나님, 상담하려면 그래도 다른 사람들에게 신앙으로도, 성품으로도, 삶으로도 본이 되고, 모범이 되는 가정을 이루며 살아야 하잖아요. 그런데 제 모습을 보니 다른 사람들이 너나 먼저 잘 살라고 할 것 같고, 오히려 제가 상담을 받아야 할 것 같이 보여요."

그러자 『상처 입은 치유자』(헨리 나우웬, 두란노)라는 책이 떠오르며 주님이 이런 마음을 주시는 것 같았다.

"아픈 사람이 아픈 사람을 손잡을 줄 알고, 뼈아픈 눈물을 흘려본 자만이 눈물 흘리는 자의 손을 잡을 줄 안단다. 많은 말을 하지 않아도 공감할 수 있지."

그 후 극동방송을 듣던 중 심명구 목사님께서 하시는 영성 치유상담 과정을 알게 되었고, 2년 동안 매주 1회 공부하는 과정에 등록했다. 그리고 그곳에서 공부하는 동안 마음이 치유되는 놀라운 경험을 하기 시작했다. 그동안 겪었던 고통을 말씀과 눈물로 씻는 시간이 되었다.

재혼 권유

어느 날 묵상 중 하나님이 이사야 61장 말씀을 내게 주시며 강력한 사명의 마음을 갖게 하셨다.

> 주 여호와의 영이 내게 내리셨으니 이는 여호와께서 내게 기름을 부으사 가난한 자에게 아름다운 소식을 전하게 하려 하심이라 나를 보내사 마음이 상한 자를 고치며 포로된 자에게 자유를, 갇힌 자에게 놓임을 선포하며 여호와의 은혜의 해와 우리 하나님의 보복의 날을 선포하여 모든 슬픈 자를 위로하되(사 61:1-2).

그 말씀으로 인하여 마음이 뜨거워졌다.

"하나님, 이 말씀을 이루시기 위하여 저에게 그토록 눈물의 시간을 보내게 하셨나요? 고난을 통하여 아버지의 마음을 조금이라도 알게 하려고 하셨나요? 고통을 통하여 낮아짐과 겸손을 배우게 하려고 그러셨나요?"

감사의 눈물을 흘렸다.

"하나님, 언제라도 아버지의 부르심에 순종할 수 있게

도와주세요. 내 의지와 감정이 앞서지 않게요."

그러던 어느 날 담임목사님께서 연합집회 강사로 오신 목사님과 함께 어느 혼자 되신 목사님을 내게 소개해 주셨다.

그때까지 사모의 길을 가겠노라고 서원한 후 20대에 순종하지 못했던 것에 대해 하나님께 죄스러움이 항상 있었다. 허물 많은 죄인일 뿐, 사모로서 자격은 없다고 생각하면서도 하나님이 다시 한 번 기회를 주시면, 그때는 주저함 없이 순종해야겠다는 마음도 있었다. 혹시나 하는 마음으로 기대하며 조용히 기도드리기도 했었다.

하지만 평소 기도하던 것과는 달리, 막상 현실에 부딪히니 많은 생각을 하게 되었다. 사모는 이래서 못하고, 저래서 못할 것 같은 이유가 많아졌다. 부끄러운 나를 사모로 부르심이 참으로 감사하고 감격스러울 일인데, 이제야 하나님께 빚진 것을 갚을 수 있을 텐데 자신이 없었다.

"하나님, 너무 감사해요. 다시는 저에게 그 부르심이 없을 줄 알았는데, 이제라도 귀한 하나님의 종들을 통하여 하나님의 부르심을 확인시켜 주시고, 제 기도에 응답해 주신 것만으로도 충분해요."

그러고는 처음 소개받은 목사님을 한 번 만나고 더는 만나지 않았다.

시간이 흘러 담임목사님은 다른 친구 목사님을 소개하셨다. 사회복지학과 교수님이시고, 요양원 사역과 교회 사역을 함께하는 목사님이셨다. 직원이 백 명 넘는 큰 규모의 복지재단을 맡고 계셨다. 그분은 나에게 사회복지사 자격을 갖춰 원장이나 이사장 자리를 맡아 같이 사역을 하자고 하셨다. 나에게는 버거운 자리이지만, 사회적으로나 경제적으로 하나님의 일을 하는데 모든 것이 갖춰진 자리였다. 그런데 마음에서는 선뜻 허락되지 않았다. 담임목사님은 당신의 친구고 괜찮은 자리이니, 웬만하면 그분과 빨리 함께하길 바라셨다. 그쪽에서 서두르면 서두를수록 마음이 힘들어졌다. 분명 외적인 조건은 너무 좋은데, 마음이 조금도 움직이지 않았다.

그렇지만 순종하려고 참 많이 기도하며 노력했다. 혹시 아직도 교만이, 인간적인 생각이 자리하고 있는 건지 하나님께 여쭈며 고민했다.

"하나님, 저는 한 영혼이라도 함께 웃고, 함께 우는 자리에 있고 싶어요. 하나님이 원하시는 사모의 길을 가고 싶어요."

그럼에도 마음에는 변화가 없었다. 두 목사님의 마음을 아프게 하고 싶지 않았지만 더이상 시간을 끌 수는 없었다. 목사님이 보여 주신 사랑을 잘 알기에 더 죄스럽고 힘들었지만, 용기내서 조심스럽게 말씀을 드렸다. 그로 인해 두 분 목사님의 실망감과 서운함이 정말 크셨다.

이 일로 담임목사님을 보기가 힘들어졌다. 얼마나 나를 아끼시고 사랑으로 보살펴 주셨는지를 알기에 더욱 그랬다. 나이 들어 누구를 다시 만난다는 것이 얼마나 어려운 일이고, 조심스러운 일인지 새삼 느꼈다. 점점 자신이 없어졌다. 그리고 누구를 소개받는 것조차 두려워졌다.

"하나님, 저 이제 그만 만나고 싶어요. 사모는 제가 가야 할 길이 아닌가 봐요. 제가 감히 뭐라고 귀한 주의 종들을 아프게 하는지요? 저 역시 너무 힘들고 아파요. 이렇게라도 만남을 허락하신 하나님. 감사하고 충분해요. 잠시 내려놓을래요. 혹여라도 평신도 사역자로 쓰임 받을 수 있는 기회를 주시면 순종할게요."

그러나 하나님은 이렇게 말씀하셨다.

"혜경아, 다시 구하렴. 내가 반드시 너의 마음을 움직이는 사람을 줄 거야. 그러니 기도하렴."

나는 진심으로 세 번 정도 순종하는 마음으로 기도했다.

"하나님, 저를 그렇게 위로해 주시고 응답해 주신 것만으로도 감사해요. 행복해요. 괜찮아요. 이제는 정말 마음이 평안해요."

새로운 만남

그 후로 몇 개월이 지났다. 학원에서 레슨이 한 타임 미뤄졌다. 여유가 생겨 텔레비전을 틀었다. "7000 미라클"이라는 프로그램이 나왔다. 거의 안 보는 방송이기에 채널을 돌리려 리모컨을 들었다. 그런데 리모컨을 든 채로 나도 모르게 방송을 보게 되었다.

충북 옥천에 있는 행복한교회와 목사님이 나오셨다. 본방, 재방도 아니고 스페셜 방송으로 짧게 나오는 프로그램이었다. 방송이 시작된 상태에서 15분을 보았다. 행복한교회 사모님이 중환자실에 계시는 상황이었는데 중보기도와 선교 후원을 요청하는 내용이었다. 한 장면, 한 장면을 볼 때마다 무언가 성령님의 이끄심이 느껴졌다. 하나님 아버지의 마음이 보였다. 목사님과 성도님들의 모습을 보며 마음이 움직였다. 마지막 장면은 사모님이 투병하시다 하나님의 부르심으로 천국에 가시는 것이었다. 마음이 많이 아팠다.

"하나님, 저 목사님 이제 어떻게 해요? 저런 슬픔과 고통을 어떻게 감당하시라고요?"

그러면서 몇 개월 전, 하나님이 "내가 반드시 너의 마음을 움직이는 종을 줄테니 구하라."고 하셨던 말씀이 생각이 났다.

"하나님, 혹시 저 목사님인가요?"

그런데 사모님이 천국으로 가셨기에 방송 중에는 선교후원을 위한 안내나 교회 전화번호도 나오지 않았다.

“하나님, 혹여라도 제게 예비해 주신 분이 저 목사님이라 해도 연락할 수 있는 방법이 없잖아요?”

마음 속에 퍼뜩 생각이 지나갔다.

“CTS 방송국에 연락하면 되잖니?”

“하나님, 그래도 그건 여자가 너무 나가는 거잖아요.”

하지만 그즈음 앞서 두 분 목사님과 관련해 하나님께 순종의 훈련을 받은 터라 방송국에 전화해 보는 것이 그리 어렵지 않았다. 방송국에서는 개인적으로 목사님의 전화번호를 알려 줄 수 없고, 목사님께 전해 드릴 말씀이 있으면 목사님께 전해 줄테니 전화번호를 남겨 달라고 했다. 그래서 내 번호를 방송국 직원에게 알려줬다.

시간이 한참 흘렀다. 목사님과의 연결이 쉽지 않은 상황이었고, 나 역시 바쁜 일상생활로 잊고 있었다. 그러던 어느 날 모르는 전화번호로 전화가 왔다. 발신인이 누구인지 저장되지 않은 번호는 잘 받지 않았는데 나도 모르게 전화를 받았다. 옥천에 있는 행복한교회 목사님이라고 하였다. 너무나 놀라고 반가웠다. 방송 보고 연락 주신 몇 분에게 감사 인사를 드리는 것이라고 하였다. 나는 잠깐이라도 방송을 봤기에 목사님을 조금 알지만, 목사님은 생전 보지도 못한 나와 통화하는 것이었다.

너무나 안타깝게 마무리된 방송이기에 무어라 위로하기가 조심스러웠다. 선교 후원을 위해 계좌번호를 물어보는 것도 죄송했다. 언제 기회가 되면 식사라도 대접해 드리고 싶다고 하면서 전화를 끊었다. 그리고는 이 내용을 친언니처럼 지내는 집사님께 얘기했더니 이렇게 말했다.

"너 나중에라도 꼭 그 목사님께 식사 대접을 해 드려야 한다. 주의 종에게 약속한 것이니까."

다시 꽤 시간이 흘렀다. 그 목사님과의 만남이 하나님의 계획하심 속에 있다면 순적하게 이루실 것이라 믿으며 언니 집사님과 옥천으로 향했다. 오후에 도착해서 목사님과 이른 저녁을 먹으며 잠시 이야기를 나눴다. 목사님은 교회에서 응답기도회 주간이라 바로 교회로 가셔야 했고, 우리도 먼 길을 가야 했기에 일찍 헤어졌다. 그날 만난 목사님에게는 사모님을 천국에 먼저 보내신 상실의 슬픔이 크게 느껴졌다.

나중에 목사님은 그 당시를 회상하며 이런 말씀을 하셨다.

"창세기를 묵상하던 중에 이삭과 리브가의 만남 말씀에서 '어머니를 잃어 슬퍼하던 이삭을 위로해 준 리브가가 내 인생 속에도 있을까?' 기도하고 있을 때였습니다."

그때 내가 옥천에 왔다고 하였다. 목사님과의 만남은 이삭과 리브가의 만남처럼 서로에게 위로와 회복의 기회가 되었다. 다만 서로가 같은 아픔과 상처와 고통의 시간을 보냈는데, 목사님은 한 여인을 향한 지고지순한 우아한 고난이었고, 나는 파란만장한 산전수전 공중전을 거친 혹독한 고난의 시간이었던 것 같다.

첫 만남 이후 옥천 행복한교회 목사님과의 만남이 몇 차례 이어졌다. 목사님을 만나는 과정 중에 하나님을 사랑하고 이웃을 사랑하는 모습이 눈에 들어왔다. 특별히 교회 중심, 가정 중심 목회에 중점을 두고 헌신하시는 귀한 모습에 깊은 감동을 받았다. 한결같은 성품이 마음에 신뢰가 쌓이게 되었다. 목사님을 만나면서 생각나는 말씀이 있었다.

> 무명한 자 같으나 유명한 자요 죽은 자 같으나 보라 우리가 살아 있고 징계를 받는 자 같으나 죽임을 당하지 아니하고 근심하는 자 같으나 항상 기뻐하고 가난한 자 같으나 많은 사람을 부요하게 하고 아무 것도 없는 자 같으나 모든 것을 가진 자로다(고후 6:9-10).

신앙의 결이나 목회 비전이 꿈꾸던 것과 같기에 감사할 수 있었다. 목사님은 나를 만나면서 하나님의 풍성한 사랑과 위로를 받는다 하셨다. 나 역시 목사님을 만나면서 지금까지 삶이 회복되는 것을 느꼈다. 룻이 보아스를 만난 것처럼 삶에 위로와 기쁨이 되었다. 마치 내 인생을 보상해 주시는 하나님의 선물 같았다.

마침내 이루어진

하나님 안에서 서로 충분한 사랑과 신뢰가 확인되었을 때 나는 모든 것을 하나님께 맡기고 백학에서 옥천으로 내려가기로 마음을 정했다. 2016년 5월, 인생의 후반부를 꿈꾸며 결혼 감사예배를 드렸다. 20대 때 하나님 앞에 약속드렸던 사모의 길을 가게 된 것이다. "7000 미라클" CTS 프로그램이 우리 만남을 연결해 준 고리가 되었다. 모든 것이 하나님의 선하심과 계획이었으리라 믿는다.

하나님이 허락하신 은총

많은 사람의 기도와 사랑과 기다림 속에 하나님은 여전히 쉬지 않으시고 하나님의 열심과 성실하심을 드러내신다. 슬픔과 아픔, 뼈아픈 눈물을 흘려본 자들이 하나 되어, 이 땅의 그러한 처지에 있는 자들에게 하나님의 사랑을 전하는 복음의 증인 되라고 옥천 행복한교회로 이 부족한 자를 보내시고 세우셨다. 아브라함이 "고향과 친척과 아버지의 집을 떠나 내가 네게 보여 줄 땅으로 가라"는 하나님의 말씀에 순종한 것처럼, 나도 그렇게 백학에서 옥천으로 왔다.

옥천이라는 곳이 어디에 있는지 몰랐고, 오필록이라는 이름 외에는 목사님에 대해 아는 것이 하나도 없었다. 오로지 방송 잠깐 본 것 외에는 교단, 교회 재적, 재정, 사례, 사택, 목사님의 목회 사역 등 아무것도 몰랐다. 그렇지만 하나님이 인도하셨고, 약속하셨고, 지시하신 땅임을 확신할 수 있었기에, 주저함 없이 옥천 땅을 밟을 수 있었다.

나는 막연하게 생각하는 것이 있었다. 하나님이 나를 부르시고 어디든 보내실 때, 아이들은 적어도 자기 인생의 방향을 잡을 수 있는 단계에 있길 원했다. 아이들이 그 길을 향해 하나님의 인도하심 속에 걸어가는 모습까지 보고, 부르심에 순종하고 싶었다. 그래야 내가 어느 곳에서 있든지 자녀들을 염려하지 않아도 될 것 같아서였다.

옥천으로 완전히 내려오기 전까지도 이 생각을 했다.

"아무 걱정하지 말아라. 내가 원하여 보내는 자리에 네가 순종할 때, 내가 아이들을 키우기 시작할 것이란다. 지금까지 그래 왔듯이…. 그동안 너무 애썼고, 수고했다. 내 사랑하는 아들, 딸을 기도와 눈물로 잘 키워 주어서 고맙다."

하나님 말씀에 하나님의 마음이 뜨겁게 느껴져 많이 울었다. 그리고는 아이들의 주인 되시는 하나님께 감사함으로, 기쁨으로 모든 것을 맡기고 주저함 없이 옥천으로 내려올 수 있었다.

정말 감사하게도 예전 시어머니, 시누이 모두 예수님을 믿고 신앙생활 잘하고 계신다. 그리고 내가 옥천에 내려오는 것을 그 누구보다 축복해 준 사람은 아이들 아빠와 전 시어머니이시다. 하나님은 나와 아이들 아빠가 서로에게 진심으로 고마움과 미안함을 나누게 하셨으며, 각자의 삶의 자리를 축복하며 기도하게 하셨다. 아이들과 아빠도 관계가 회복이 되어 가끔 내가 부러워할 정도로 잘 지내고 있다. 참으로 오랜 시간을 돌아 새롭게 허락된 시간이다.

오래전부터 나를 만나 주신 하나님, 고난의 순간순간 응답하시고 말씀해 주신 위로의 하나님, 여기까지 도우시며 동행하신 하나님이 계셨기에 오늘의 내가 있게 되었다.

하나님은 실수하지 않으시네

지금까지 인생을 돌아보니 "하나님은 실수하지 않으신다네"라는 찬양 가사가 떠오른다. 또한 삶의 매 순간이 하나님의 은혜요 사랑이었음을 고백하게 된다. 하나님은 한 번도 외면하지 않으셨고, 침묵하지 않으셨고, 홀로 있게 하지 않으셨음을 안다.

철없던 시절에는 부와 명예, 세상에 자랑할 수 있는 권세를 생각했고, 그것이 하나님의 축복이요 믿는 자들의 특권이라 생각했다. 그러나 이제는 고백한다.

"초막이나 궁궐이나 내 주 예수 모신 곳이 그 어디나 하늘나라"

"예수로 나의 구주 삼고 성령과 피로써 거듭나니 이 세상에서 내 영혼이 하늘의 영광 누리도다 이것이 나의 간증이요 찬송이요 나 사는 동안 끊임없이 구주를 찬송하리로다."

어릴 때부터 하나님은 삶의 전부였다. 때마다 하나님께 여쭈었고, 하나님의 뜻을 깨닫기 원했다. 부족하지만 하나님께 순종하려 했고, 하나님이 기뻐하시는 삶을 살기를 소원했다. 그럼에도 우둔해서, 욕심 때문에, 교만해서, 얼마나 많은 시행착오를 거치고 아버지의 마음을 아프게 했는지, 부끄럽고 죄송한 마음뿐이다.

하지만 하나님의 은혜로 그리스도의 자녀된 권세를 누릴 수 있다. 유월절 어린 양의 피가, 그 보혈 아래에 있는 나를 어둠의 권세가 이기지 못하도록 해 주신다. 원수가 정죄할 때에도 의롭게 살 수 있도록 하신다. 원수의 어떠한 공격에도 더이상 넘어지지 않음을 믿음으로 선포한다. 하나님의 선하시고 인자하심을 찬양한다.

고난 당한 것이 내게 유익이라 이로 말미암아 내가 주의 율례들을 배우게 되었나이다(시 119:71).

하나님은 나로 하여금 크고 작은 고난을 통해 더욱 주님만 의지하게 하시고, 주님만이 전부임을 삶 속에 확인시켜 주셨다. 이 엄청난 축복의 비밀을 배웠기에 이제는 세상 영광을 버릴 수 있다.

나는 삶에 닥쳤던 상황 속에서 얼마나 하나님을 사랑하며 신뢰하는지 시험받아야 했다. 결혼과 10년의 별거, 이혼 후 자녀들의 상처와 고통과 방황, 홀로 자녀들을 양육하는 과정, 옥천으로 오기까지 감당하기 어려운 폭풍 같은 아픔과 절망이 있었다.

"하나님, 왜요? 어떻게 이렇게까지 고통스럽게 할 수 있나요? 왜 이리 어둠의 터널이 길까요? 언제 끝날까요?"

사탄은 끊임없이 '이런데도 하나님을 사랑하며 신뢰할 수 있니? 하나님이 선하시다고? 인자가 영원하시다고?'라며 공격했다. 나는 수없이 무너졌다. 의심했다. 다시는 회복될 수 없을 것 같은 마음이 들 만큼 두려웠다.

하지만 하나님은 나를 방치하지 않으셨다. 하나님은

연약함을, 믿음 없음을, 죄악 됨을 날마다 회개하게 하셨다. 그리고 하나님은 약속하셨다.

"내가 너를 얼마나 사랑하는지, 내가 윤식이와 신혜를 얼마나 사랑하는지 아니? 너희들을 통하여 내가 영광을 받을 것이며, 반드시 너희들을 복 주고 복 주며 번성케 하리라. 하나님의 선하심을 드러내겠다."

내 힘으로는 사탄의 시험과 유혹에 넘어질 수밖에 없었다. 그러나 주님은 말씀하셨다.

"괜찮다. 내가 너를 대신하여 싸워줄 테니 지켜보렴."

주님의 말씀에 아멘으로 화답했다. 전쟁에 능하신 주님이 선한 싸움 승리케 하셨으니, 감사함으로 기쁨으로 승전고를 울릴 수 있음을 믿는다.

모세는 왕궁에서 40년, 광야에서 40년, 이스라엘 지도자로 40년을 살았다. 하나님으로부터 마침내 모세의 온유함이 지면의 모든 사람보다 더하다고 인정받았다. 그처럼 목회자의 딸로 교회에서 25년, 결혼과 함께 혹독한 시련, 광야 같은 인생 25년을 보냈으니, 이제 사모로 부르심을 받은 후발주자로 25년을 살기를 바란다. 감히 모세의 인생과 비교할 수 없지만, 흉내라도 내서 하나님 앞에 온유한 자로 세워지길 기도한다.

오늘도 놀라운 하나님의 역사를 기대하며 하루하루

를 걸어간다. 우리의 비통함은 춤으로 바꾸시고, 슬픔의 베옷을 벗기시어 기쁨의 옷으로 입히시는 하나님을 찬양한다.

> 내가 여호와께 바라는 한 가지 일 그것을 구하리니 곧 내가 내 평생에 여호와의 집에 살면서 여호와의 아름다움을 바라보며 그의 성전에서 사모하는 그것이라 (시 27:4).

행복한교회를 6년째 섬기고 있다. 행복한교회를 통하여 그 누구보다도 행복한 사역을 하고 있다. 하나님은 5년의 사역을 풍성하게 하셨다. 많은 열매를 거두셨고, 지금도 이루어 가시는 중이다. 교회에 귀한 동역자들을 보내 주셨고, 병든 자들을 고치셨다. 상처와 슬픔을 거두셨다. 자녀들의 문제와 재정의 문제를 풀어 주시며, 어두운 마음들이 빛을 보게 하셨고, 영원한 생명을 약속하실 뿐만 아니라, 구원의 기쁨을 허락하셨다. 성도들의 가정이, 자녀들이 주 안에서 회복되고 있다. 사랑하는 많은 성도님들이 각자의 부르심에 순종하며, 하나님의 교회를 사랑하고 헌신하신다. 우리의 삶이 주님과 함께 더욱 친밀한 관계로 성숙해 간다.

또한 영혼을 구원하는 귀한 일에 내가 변화되기를 힘쓴다. 말씀과 기도로 더욱 거룩해지기를 원하며, 경건 훈련을 한다. 교회 건물, 출석 인원, 재정, 프로그램 등 많은 것이 중요하겠지만, 교회의 주인 되신 그리스도와 함께 하나님의 사랑을, 구원을 전하는 교회가 되길 소망한다. 목사님과 함께 한 걸음, 한 걸음 주님 가신 십자가의 그 길을 걸어가려 한다. 이를 위해 동역하시는 사역자님들과 장로님, 권사님들, 집사님들, 성도님들을 진심으로 사랑하고 축복한다. 이분들이 있기에 갈 수 있는 길이요, 더불어 사랑과 행복을 나눌 수 있음에 감사한다. 하나님이 허락하시는 시간까지 행복한교회를 통하여 예수님의 사랑을 전하며, 복음의 증인된 삶을 살아가는 우리가 되길 기도하며 소망한다.

2

아이들 성장 시기에 적절한 사랑의 양육, 돌봄이 필요하다. 만약 그렇지 못해 결핍이 생기면 그것은 반드시 부작용으로 나타난다.

윤식이와 신혜의 경우, 외가에 가면 외할머니, 외할아버지의 특별한 사랑을 받았다. 두 분은 성경적인 교육, 기도와 사랑, 즉 하나님의 말씀이 기준이 되는 사랑법으로 아이들을 대하셨다.

윤식이는 초등학교, 중학교 때까지 목사님이 되겠다는 꿈이 있었다. 외할아버지의 영향이 컸던 것 같다. 외할아버지가 어느 날은 수요예배 때 설교 잘 듣고 요약해 보라고 하셨다. 그날 윤식이는 말씀을 듣고 제법 정리를 잘했다. 외할아버지는 외할아버지만의 특별한 사랑의 방식으로 윤식이를 키우셨다.

하지만 친가의 할아버지, 할머니의 사랑법은 외가와 많이 달랐다. 아이들에게 좋은 것 사 주고 맛있는 것 먹이지만, 신앙이 없고 특별한 규칙과 질서가 없는 사랑만 주셨다.

정반대의 환경 속에 어린 시절을 보내게 된 윤식이는 정서적으로 많이 혼란스러웠을 것이다. 더구나 아이들이 유치원과 초등학교 시절, 나는 학원과 교회의 여러 사역으로 바쁘게 살았다. 그러다 보니 자녀 양육이 우선순위에서 밀렸다. 아이들에게 더욱더 친밀함이 이루어져야 할 시기에 나는 바쁘고, 힘들고, 피곤한 일상으로 인해 그것을 채워주지 못했다. 나 역시 초보 엄마라 성숙하고 성장하는 시간이었기에, 자녀 양육에 대해 많은 것이 미숙하고 서툴렀다.

윤식이는 어려서 그 누구보다 하나님을 신뢰하는 순수한 믿음이 있었다. 그래서 엄마 아빠가 별거했을 때, 윤식이는 자기가 하나님께 기도하면 예전처럼 함께 살 수 있을 것이라 믿고 열심히 기도했다. 그럼에도 부모의 나아지지 않은 상황에 아이는 그 사실을 받아들이기에 너무 힘들었을 것이고, 감당할 수 없는 상처가 되었을 것이다. 그런 윤식이를 보는 내 가슴은 찢어지듯 아팠다. 한 가닥의 소망을 품고 하나님께 간절히 기도하는 아들에게 엄마는 어떻게 해 줄 수 없었다. 응답되지 않는 그 기도가 윤식이에게 하나님을 신뢰할 수 없는 불신앙으로 자리 잡은 것은 아닐까?

방황

사춘기를 지나는 동안 윤식이는 방황하기 시작했다. 고등학교 1학년 때, 처음으로 꼭꼭 숨겨 놓은 담배를 발견하게 되었다. 내 아들이 담배를? 뭐라 표현할 수 없는 충격 그 자체였다. 지금이라면 여유 있는 모습으로 "충분히 그럴 수 있지, 호기심에 얼마나 피워 보고 싶었겠어."라며 대화로 문제를 차근차근 해결해 갈 수 있을 것이다. 지금이라면 아들을 신뢰하며 기다려 줄 수 있을 텐데, 당시는 많이 당황스러웠고 감정이 앞섰다. 담배 앞에 처음으로 윤식이와의 관계가 무너졌다.

시간이 갈수록 윤식이는 주일예배에도 시간에 임박하여 들어오고 마치자마자 나갔다. 설교시간에는 내내 졸고, 설교가 끝남과 동시에 생기가 넘쳤다. 찢어진 청바지를 입고, 요란한 귀걸이를 했다. 그마저도 매주 바뀌었다. 그때는 하나님을 인격적으로 못 만났으니 말씀이 귀에 안 들어오고 졸린 것이 당연했다. 사춘기라 나름 꾸밀 때이니, 멋있는 차림으로 예배에 왔다고 칭찬하고, 미소까지 지어 주었어야 했다. 그러면서 성장하는 것이라고 격려했어야 했다.

하지만 나는 잔소리가 먼저 나왔다.

"예배드릴 때는 적어도 예배시간 10분 전에 예배당 안으로 들어와야 한다."

"예배에 집중해야 한다."

"옷은 단정하게 입어야 한다."

"남자는 머리염색, 귀걸이 같은 것은 안 했으면 좋겠다. 이런 모습이 목사님 손자로, 전도사님 조카로, 나름 열심 있는 엄마의 아들로 본이 되는 모습이다."

그래서 윤식이에게 율법적이고 바리새인과 같은 모습을 요구했다. 어리석은 엄마 체면이 뭐라고 아들의 상처받은 영적인 모습을 보지 못했고, 내면의 소리를 듣지 못했다. 그러면서 윤식이와의 관계가 두 번째로 무너졌다.

어느 주일 저녁 예배 시간, 찬양팀으로 봉사하던 윤식이의 모습이 보이지 않았다. 예배가 끝나고 집으로 내려와 보니, 윤식이는 술에 취해 자기 방에 엎어져 있었다. 너무 화가 났다. 그래서 발로 윤식이의 엉덩이를 찼다.

"일어나! 지금 이게 뭐 하는 짓이야?"

주일 오후, 윤식이는 친구들을 만나러 시내에 나갔다가 게임하며 벌칙으로 술을 마셨다 한다. 윤식이는 처음으로 마신 술에 정신을 못 차렸다.

지금이라면 "오랜만에 만난 친구들과 함께 충분히 그럴 수도 있지. 벌칙이니까." 하며, 좀 더 이야기를 들어주었을 것이다. 아들의 말을 믿어 주며, 술은 이러이러하니까 마시지 않았으면 좋겠다고 진심으로 부탁했을 것이다. 그러나 그때는 그러지 못했다. 그 일로 관계가 세 번째 무너졌다.

아들이 술을 마시고, 담배 피는 모습을 감당하기에는 내가 너무 연약했다. 어쩌면 윤식이 친할아버지와 아빠의 영적인 것이 대물림이 될까 너무나도 두려웠던 것일 수도 있다. 그래서 윤식이에게 더욱 몸부림을 쳤던 것 같다. 지금이라면 하나님을 온전히 신뢰하면서 믿고 기다리고, 사랑으로 권면하며, 함께 한 걸음씩 성장할 텐데 그러질 못했다. 그런 아들의 모습이 긴 인생에서 보면 그리 큰일도 아니고, 다 지나가는 과정일 뿐인데도 당시 나에게는 참 버거운 문제였다.

고등학교 2학년이 된 윤식이는 갑자기 학교를 가지 않겠다고 했다. '오늘 하루만 그러겠지.' 생각했는데, 그다음 날에도 계속되었다. 윤식이에게 학교에 가야 한다고 부탁도 하고, 야단도 치고, 달래기도 하며 할 수 있는 방법은 다 동원했다. 결국 출석 일수가 모자라 자퇴를 하게 되었다. 청천벽력 같은 상황을 만났다. 그러니 또 하나님을 바라보게 되었다.

"하나님, 아들 하나 키우는 것이 어쩌면 이리도 어렵고 힘들까요? 어떻게 주님 안에서 자녀들을 잘 양육할 수 있을까요? 제가 무엇을 잘못하는 것일까요? 깨달아 알 수 있는 지혜의 영을 부어 주세요."

윤식이로 인해 자존감이 한없이 바닥으로 내려갔다. 고등학교 자퇴라니? 그럼 중졸인데…. 지금까지 잘 키워 하나님의 영광을 위해 귀하게 쓰임 받는 아들이 되길 간절히 바라며 기도해 온 것을 생각하니, 나 자신이 너무 초라하고 비참하게 느껴졌다. 체면, 위치, 명예가 곤두박질치고, 심정이 엉망이 되며 정신을 차릴 수가 없었다. 그렇게 관계가 네 번째 무너졌다.

지금이라면 자퇴한 것이 전혀 부끄럽지 않고, 오히려 검정고시를 통해 정상 학업 과정보다 시간적으로 단축되어서 자기 능력 개발에 좋은 기회라고 생각하며 괜찮다고 했을 것이다. 대단한 결단을 내린 것이라고, 용기가 좋다고 박수를 보내 주었을 것이다. 또한 새로운 인생에 도전하며 경험해 가자고 응원했을 텐데 그때는 그러지 못했다. 윤식이의 자퇴에 내가 중졸이 되는 느낌이 들고, 윤식이가 사회부적응자가 되는 것 같고, 나와 윤식이의 인생이 멈추는 것 같은 아픔과 답답함이 가득했다.

나는 아이들이 어렸을 때부터 예배 중심의 양육을 하며, 성경을 읽고 쓰게 했다. 하나님이 인생에 전부이심을 가르쳤다. 그리고 하나님이 우리를 하나님 나라와 영광을 위해 복되게 사용하실 것이라 믿으며 살아왔다. 그런데 무엇이 어디서부터 잘못된 것일까? 내가 어떻게 해야 할까?

자퇴 후, 윤식이는 저녁만 되면 친구들, 선배들과 함께 술 마시고, 담배 피우며 놀다가 집에는 새벽에나 들어왔다. 억장이 무너졌다. 어느 날은 술에 취해 내 차를 끌고 나갔다가 교회로 올라오는 길에 처박힌 채 잠이 들어 있었다. 그런 모습을 새벽 예배에 오시는 장로님을 통해 듣기도 했다.

어느 해인가는 수련회 가기 전날 기도회 모임 후, 교회 형이 운전하는 오토바이를 얻어타고 나갔다. 그러다가 오토바이가 날아 논바닥으로 떨어졌다. 달리는 중이라 시멘트 바닥에 넘어졌으면 큰 사고가 났을 텐데, 그나마 논으로 굴러 턱에 작은 상처만 났다.

하루는 친구들과 밤새 놀다 술에 취해 집 근처에서 쓰러져 자고 있었다. 그 모습을 교회 집사님이 보시고 말해 주셨다. 나는 부끄러워 얼굴을 들지 못했다.

나는 밤만 되면 윤식이가 어떤 모습으로 들어올까 걱정되어 잠을 이루지 못한 날도 많았다. 상황이 그렇게 되고 보니, 하나님을 찾을 수밖에 없었다.

"백학에서는 나름 품위 있고 예의 있는 모습으로 피아노학원 원장으로, 초·중학교 방과 후 음악교사로 교회와 지역을 섬기는 일에 최선을 다하는데, 하나님, 제게 이렇게 수치스러움을 경험하게 하시는 이유가 뭐예요?"

당시 우리는 교회 사택에 살고 있었다. 성도들의 시선이 사역자 가정에 집중되어 있기에 말 한 마디, 행동 하나도 본이 되어야 했다. 하지만 윤식이의 모습에 면이 서질 않았다.

아마도 윤식이는 자기 성향과 기질대로 살고 싶었을 것이다. 자기 재능을 펼치며 살기를 원했을 것이다. 하지만 하고 싶은 것을 해 보지도 못하는 환경에 목사님이신 할아버지, 전도사님인 이모, 목사님인 외삼촌. 누구보다 극성스럽게 신앙생활하는 엄마 아래에서 사춘기를 겪었던 윤식이는 여러 가지로 힘들었을 것이다. 자신이 속한 곳의 분위기에 맞는 모습으로 살기는 해야겠는데 자신은 누구인지, 무엇을 해야 하는지, 어떻게 살아야 하는가에 정체성도 세우지 못한 채 잘해야 한다는 말만 진저리 날 정도로 들었으니까.

윤식이의 방황은 나를 하나님 앞에 철저히 무릎 꿇게 했다. 친구 관계, 학교생활, 술, 담배, 점점 관심이 없어지는 신앙생활 등 아버지의 부재 가운데 혼자 이런 아들을 양육하는 것은 정말 버거웠다. 의논할 상대가 오직 하나님이고, 의지할 분은 오직 예수님이었으며, 성령님께 지혜를 구하였다. 매일매일 "이럴 때는 어떻게 해요?" 여쭐 수밖에 없었다.

하나님의 은혜와 도우심이 없이는 하루도 견디기가 어려웠다. 하나님은 때마다 일마다 윤식이를 통해 나를 낮아지게 하셨으며, 모든 것을 다 내려놓게 하셨고, 자아를 부서지게 하셨다. 나를 단련해 가셨다. 자랑도, 의로움도, 내세울 것도 아무것도 없게 만드셨다. 철저히 밑바닥까지 내려가게 하셨다.

윤식이를 임신했을 때, 주님 안에서 이 세상에 선한 영향력을 드러내며, 하나님 앞에 존귀한 인생이 되길 기도하고 또 기도했었는데, 늘 말씀과 기도로 양육하려고 최선을 다했는데, 윤식이의 사춘기는 내가 드렸던 기도와는 전혀 다른 색깔이었다.

하나님 은혜

나는 하나님의 방법으로 하나님의 때에 일하심을 바라볼 수밖에 없게 되었다. 하나님은 나 자신이 사랑이라는 명분으로 윤식이에 대해 얼마나 욕심과 기대를 갖고 있는지 알게 하셨다. 하나님의 방법보다 앞서며, 윤식이의 인생에서 하나님의 자리를 차지했던 적이 얼마나 많았는지 회개하게 하셨다. 하나님의 자녀라고, 하나님께 맡긴다고 하면서, 엄마라는 이름으로 윤식이를 통해 내 계획과 뜻을 이루려고 얼마나 욕심을 부렸는지 알게 하셨다. 많이도 울게 하셨다.

그때마다 하나님 아버지가 곁에 계시기에 견뎌 낼 수 있었고 소망을 품고 기대할 수 있었고 기뻐할 수 있었다. 그래서 힘들게 한 아들에게 한결같이 옆에 있어 주고 편이 되어 주고 기다려 주었다. 내 눈에 아무 증거 아니 뵈어도 믿음으로 함께 천천히 걸어갈 수 있었다.

하나님은 먼 훗날 "하나님이 하셨어요."라고 온전히 영광 돌릴 수 있도록 겸손하게 하셨고, 하나님만을 증거하게 하셨다. 사람에게는 죄의 본성이 깊게 자리하고 있어 하나님이 일하심을 증거하면서 자기도 모르는 사이에 자신의 의로움과 자신의 수고가 이렇게 하나님을 통해 열매 맺었다며 인정받고자 한다. 나 역시 그러했다. 물론 모든 것이 하나님의 은혜요 하나님의 일하심이지만, 내 눈물도 아픔도 애쓰고 수고함도 보상받고 싶었던 것이 정직한 마음이리라.

이 모든 것을 아시는 하나님은 나를 철저히 낮추시고 죽게 하셨다.

> 내가 그리스도와 함께 십자가에 못 박혔나니 그런즉 이제는 내가 사는 것이 아니요 오직 내 안에 그리스도께서 사시는 것이라(갈 2:20 상반절).

아픔과 조롱과 부끄러움의 십자가 죽음이 아니면 영

광스러운 부활의 기쁨을 맛볼 수 없듯이 그리스도인들에게 고난의 수치와 아픔과 상처는 십자가의 흔적이다.

나는 결혼과 자녀 양육, 가정 생활과 교회 생활 등 영적인 모든 부분이 하나님 앞에 그리고 세상 가운데 하나님의 영광을 드러내는 귀하고 복된 삶을 사는 것이 소망이었다. 하지만 결혼과 동시에 감당하기 어려운 시아버지, 아이들 아빠, 아들까지 3대가 나를 하나님의 사람으로 만들기 위해 하나님이 연출하신 각자의 몫을 잘 감당해 주었다. 토기장이이신 하나님이 쓰시기에 편한 그릇으로 만들기 위해 나를 참 많이도 빚으셨다. 내가 얼마나 비뚤어지고 모난 사람이면 이리도 오랜 시간 다듬고 또 다듬으시며 공들이셨을까? 하나님께 죄송하고 나를 포기하지 않으셔서 감사하다.

윤식이는 학창시절에 하고 싶었던 일을 끝까지 해 보지도 못 하고, 군입대 할 나이가 되었다. 섬기던 교회 목사님은 윤식이를 미주 장신대에 보내면 어떠냐고 하셨다. 윤식이에게 물으니 미국에 혼자 가는 것이 두렵다고 했다. 호주에서 목회하고 있는 외삼촌에게로 보낼까 생각도 했지만, 다시 한 번 서두르지 말고 잠잠히 하나님의 일하심을 믿고 기다리기로 마음을 정했다.

입대를 앞두고 그동안의 윤식이의 인생을 돌아보니,

윤식이가 성장하면서 겉으로는 방황하는 모습을 보였지만 하나님은 윤식이 안에 수많은 천재성과 은사를 심어 놓으셨다. 어려서부터 목사님이 되겠다고 하는 꿈과 함께 다른 사람을 불쌍히 여기고 돕는 선한 마음, 불쌍한 사람을 지나치지 않고 자기 것을 다 털어 섬기는 모습도 예뻤다. 드러나는 신앙생활은 엉망인데, 내면에는 하나님을 누구보다 사랑하며 의지함이 있었다. 또한 윤식이는 사춘기 이후 설교시간에 항상 졸았는데, 그럼에도 그 안에는 말씀이 심겨져 있었다. 뿐만 아니라 자신의 형편과 상황은 열악한데도 큰 꿈을 갖고 있었다. 무슨 배짱인지 모르겠지만 자기는 돈을 많이 벌어 불쌍하고 가난한 사람을 돕고, 예수님을 전한다고 하였다.

윤식이는 배드민턴, 성악, 보컬, 헬스 트레이너 쪽에서도 재능이 있었다. 그런데 신앙생활이나 학업에서 드러나는 면만 본다면, 이런 재능은 보이지 않는다. 믿음의 눈으로 보아야만 볼 수 있는 비밀이다. 하나님 눈에만 보이고, 엄마 눈에만 보이는 것이다.

세상 법칙은 될성부른 나무는 떡잎부터 알아본다고 말한다. 어려서부터 무언가 남다르고 특별한 실력을 발휘하는 사람들은 일찌감치 재능을 드러내는 것이 대부분이다. 그러나 하나님이 사용하시는 보물은 늦게 발견되기도 한다.

내가 이렇게 표현하기까지 하나님을 신뢰하기까지 끊

임없이 거절당해 낮아질 대로 낮아진 자존감 덕분에 구하지도 못하는 처절한 상처가 있다.

> 여자가 이르되 주여 옳소이다마는 개들도 제 주인의 상에서 떨어지는 부스러기를 먹나이다(마 15:27).

그런 중에도 수로보니게 여인처럼 하나님께 "저에게 부스러기 은혜라도 베풀어 주소서."라고 눈물의 기도를 참으로 많이 했다.

거절하심에 감사

그리스도인이 원하는 자녀를 향한 하나님의 축복은 거의 비슷하다. 유명한 대학, 직장, 화려한 스펙, 명예, 부, 권세가 있게 되면 자녀들을 축복해 주셨다고 한다. 나 역시 그렇게 생각했다. 자녀를 이왕이면 최고의 자리에서 복음을 전하는 자로 하나님을 찬양하는 자로 세워 달라고 기도했다.

그러나 지금은 바람대로 응답하지 않으신 하나님께 감사한다. 가난과 외로움, 거절당함의 상처, 뼈아픈 눈물과 자녀들이 자라면서 겪는 수많은 아픔을 통하여 예수님의 마음을 배우게 하셨기 때문이다. 또한 예수님이 바라보시는 영혼을 향해 시선을 돌릴 수 있고, 그들을 향해 눈물을 흘릴 수 있게 하셨기 때문이다. 이 얼마나 큰 은혜이며 축복인가?

내가 자랑할 수 있는 것은 예수 그리스도의 십자가다. 약함과 고난, 슬픔과 눈물이 자랑거리다. 약할 때 강함되시는 예수님과 고난이 사명임을 배웠기 때문이다.

아들에게 구한 용서

하나님의 회복의 은혜가 우리에게 임하기 시작했다. 어느 날 성령님은 40일 작정 기도의 마음을 주셨다.

"특별히 어떤 부분을 위해서요?"

질문이 나왔지만 무조건 순종하기로 했다. 새벽기도는 어차피 하는 것이니, 저녁 8시를 기도시간으로 정했다. 여러 가지 기도 제목을 두고 기도하던 중, 윤식이를 위해 뜨겁게 기도하게 하셨다. 그리고 회개의 마음을 주셨다.

십수 년을 기르면서 엄마 속을 태우고, 눈물 흘리게 하고, 잠 못 자게 하고, 사고라는 사고는 다 치고 다닌 윤식이라 오히려 윤식이가 엄마에게 죄송하다고 사과해야 할 판인데, 하나님은 거꾸로 나를 회개시키기 시작하셨다. 윤식이에게 했던 말, 숨겨진 감정과 행동, 엄마라고 어른이라고 세상을 좀 더 살아본 경험자라고 윤식이를 가르치고, 야단치고, 훈계했던 상황이 스크린처럼 지나갔다.

아들을 사랑하고 축복하고 수고했던 노력은 기억도 나지 않았다. 하나님은 다만 그때 윤식이의 심정을 느끼게 하셨다. 그러자 윤식이의 내면의 소리가 들리기 시작했다.

"지금 내 마음이, 아픔이, 필요가, 감정이 뭔지 엄마는 알아요?"

많은 눈물을 흘리며, 매일매일 부으시는 하나님의 은혜를 깨달음으로 기억나게 해 주시는 것마다 윤식이에게 사과했다. 엄마가 잘못했다고, 엄마가 몰라서 그랬다고, 진정한 화해가 이루어지기까지 진심으로 용서를 구했다.

아이들과 온전한 화해가 이루어지기까지 하나님께 철저히 모든 것을 구체적으로 여쭈었다.

"하나님, 제가 이 말은 해야 하는 게 좋을까요? 아니면 하지 말까요?"

"이 얘기는 언제쯤 하는 게 좋을까요?"

"문자는 어떤 내용을 쓸까요?"

작은 것 하나도 아버지의 마음을 알고 싶었고, 그대로 순종하고 싶었다. 아이들에게 오랫동안 하나님이 기억하여 회개하게 하신 수많은 상황을 전화로, 문자로, 때로는 마주

보고 진심으로 미안하다고 사과했다.

이런 태도에 처음에는 윤식이가 놀라기도 하고, 당황스러워하기도 하면서 감동의 눈물을 흘렸다. 나중에는 사과를 하도 많이 받으니, 그만 미안해하라고 하였다. 어떤 것은 사과했지만 정작 윤식이는 있었던 사실을 기억조차 못하는 것도 있었다. 하나님이 이미 만져 주신 덕분이었으리라.

윤식이는 엄마가 진심으로 미안함과 고마움, 사랑을 전하는 것처럼 자기도 엄마가 엄마여서 다 용서했고, 사랑하고, 기억도 안 난다고 했다.

"엄마, 이전 것은 다 지나갔으니까 엄마가 늘 얘기하던 것처럼, 이제 행복하고 즐겁고 감사한 일들만 만들어 가게. 나는 정말 괜찮아."

여기까지 해야 한다. 아이들이 그만 사과해도 된다고 할 때까지.

윤식이는 자신도 잘못한 것이 너무 많은데, 만약 엄마가 그때마다 그 자리에서 한결같이 자기를 지켜 주고 믿어 주고 기다려 주지 않았다면 그렇게 교육해 주지 않았다면, 아마도 자기는 지금의 이 모습이 아니었을 것이라고 말했다. 오히려 자기가 감사하다고도 했다. 그렇게 40일 작정 기도가 끝났다. 40일은 우리 모자를 바꾸는 놀라운 시간이 되었다.

회복의 길은 그리스도의 사랑과 용서로 열린다. 내 힘으로는 안 된다. 오직 예수 그리스도의 보혈로만 서로 사랑할 수 있고, 용서할 수 있다. 그 일이 어렵지만 반드시 시작되어야 한다. 하나님 앞에, 사람 앞에 대면해야 한다. 나 역시 때로는 미루고 싶고, 피하고 싶고, 침묵하고 싶을 때도 있었다. 그럼에도 신실하신 하나님은 내 영혼을 일으켜 세우셨다. 담대하게 하시며, 두려움을 몰아내 주시고, 문제 앞에 직면할 수 있는 힘과 용기를 주셨다.

서로의 깊은 상처, 말하지 못한 응어리가 풀어져야 한다. 돌 같이 굳은 마음이 예수 그리스도의 보혈로 부드러워져야 한다. 사랑과 선행으로 서로 격려할 수 있는 은혜의 자리까지 가야 한다. 진정한 용서와 화해는 주님만이 하실 수 있는 선물이다. 그러기까지 부모의 변화와 회복이 반드시 필요하다.

부모의 마음이, 예수 안의 진리가, 나를 자유롭게 하는 성령이 임할 때 아이들은 달라진다. 변화하고, 성장하며, 영·혼·육이 성숙해진다. 보이는 아이들의 모습 앞에 놀라거나 두려워하지 말자. 어떠한 문제도 우연이란 없다. 모든 것이 자라고 있는 증거이다.

하나님이 지으신 모든 것이 선하매 감사함으로 받으

면 버릴 것이 없나니 말씀과 기도로 거룩하여짐이라 (딤전 4:4).

돌아보니 부모는 자녀 곁에서 든든하게 지켜 주기만 하면 되는 것을, 내가 정해놓은 규칙과 목표에서 아이들이 벗어나면 놀라고, 어찌할 바를 몰랐다. 그래서 불안과 초조함, 조급함이 앞섰다. 이런 엄마로 인해 아이들도 힘들었을 것이다. 그렇지만 이제라도 엄마는 어떤 사람이어야 하는지를 깨닫게 하시며, 거듭나게 하셨으니 하나님께 감사할 뿐이다.

이제 속도는 중요하지 않다. 주님이 주인 되셔서 우리 인생의 운전대를 잡으셨으니 이끄시는 방향대로 순종하면 된다. 늦은 것 같지만 지금이 하나님이 정하신 때이며 시간이다.

쓰라린 아픔을 경험하지 않았으면 좀 더 빨리 갈 수 있었을 것이라는 생각을 할 수 있으나, 그것은 옳은 생각이 아니다. 하나님은 그것이 우리에게 꼭 필요하기에 경험하게 하셨고 지나게 하신 것이다. 이런 고난과 아픔의 공부가 반드시 필요한 자들에게 사용되어야 하기에.

내가 그랬던 것처럼, 자녀도 내일을 알 수 없는 각자의 인생을 살아갈 때, 수많은 시행착오를 겪고 하나님께 많은 잘못을 할 것이다. 그렇지만 그 과정을 통해 하나님을 하나님 되게 알고, 하나님의 뜻을 좇아 사는 복 있는 자의 삶을 살아갈 수 있을 것이다.

> 성경은 능히 너로 하여금 그리스도 예수 안에 있는 믿음으로 말미암아 구원에 이르는 지혜가 있느니라 모든 성경은 하나님의 감동으로 된 것으로 교훈과 책망과 바르게 함과 의로 교육하기에 유익하니 이는 하나님의 사람으로 온전하게 하며 모든 선한 일을 행할 능력을 갖추게 하려 함이라(딤후 3:16).

우리가 어떤 상황일지라도 하나님은 중심을 보시며, 때에 따라 일하신다. 그런데 부모 입장에서 기도하며 양육을 해도 자녀의 변화가 더디고, 때로는 자신의 눈으로 볼 때 기도 응답이 안 되고, 더욱이 전혀 예측하지 못한 더 큰 어려움과 고난이 있을 때 엄마의 자존감은 낮아지고 자존심은 상한다. 그리고 자신이 원하는 방식, 방법대로 되지 않음에 하나님 앞에 불신앙의 모습을 보이게 되고, 상처 받으며 열등감, 두려움에 사로잡힐 수 있다. 그러다 결국 엄마의 욕심과 자녀를 잘 키우겠다는 사명감이 지나쳐 강박에 이르게 된다. 그러면서 자녀들과의 관계에서 길을 잃게 된다. 특히 엄마 혼자 자녀를 양육할 때에는 두 배 이상의 무게감이 상황마다 나타난다. 그것이 바로 나의 모습이었다.

> 욕심이 잉태한즉 죄를 낳고 죄가 장성한즉 사망을 낳느니라(약 1:15).

내게 자녀를 잘 키워 보겠다는 자신감과 교만이 얼마나 많았던가? 자녀를 하나님께 맡기고 의지하겠다고는 했지만, 정작 현실에서는 내 방법과 생각이 하나님을 얼마나 앞섰던가? 말씀과 기도가 자녀교육의 기준이 되어야 한다고 수없이 다짐했건만, 날마다 넘어졌다. 어디까지 노력하고 최선을 다하며, 어디까지 내려놓고 하나님을 의지하며 기다려야 하는지, 침묵해야 하는지, 그 선을 정하기가 정말로 어려울 때가 많았다.

나는 전적으로 하나님을 신뢰하지 못했던 것, 스스로 하려고 했던 욕심, 비교의식, 세상에서 인정받고 싶은 만큼 철저히 하나님께 회개하며 두 손 들어야 했다. 하나님이 기뻐하시고 원하시는 자녀로 양육해야 하는 엄마의 사명이 얼마나 값진 일인가를 알아야 했다. 실제로 그렇게 했을 때 놀라운 일이 생겼다. 낮아진 자존감이 회복되고 진리 안에서 자유함을 누렸다. 그러자 우리 아이들이 어떠한 모습으로 있든지 참으로 귀하고, 소중하고, 사랑스럽게 느껴졌다.

나는 자녀를 향한 기대치가 참으로 높았다. 어려서부터 아버지로부터 받은 사랑이 매우 컸기에, 하나님은 언제나 내 편이시라고 믿었다. 그래서 하나님을 신뢰하며, 하나님께 모든 소원을 구하기에 조금도 어려움이 없었다. 그러니 아이들을 향한 비전을 크게 구했다. 욕심을 떠나, 하나님을 믿는 자녀로 마땅히 누려야 할 권세를 철저히 믿었기에 가능했을 것이다.

그런데 기대하고 구한 만큼 자리에서 쓰임 받기까지는 반드시 지나야 할 광야가 있다. 그 과정은 참 외롭고, 고단하다. 주님과 동행한다고 하지만, 보이는 세상의 현실은 참으로 가혹할 때가 많다. 나는 믿음이 성장하고 성숙하기까지, 열매를 거둘 때까지, 기다려야 하는 인내의 시간이 있음을 나중에 알게 되었다.

하나님은 약속에 성실하시고, 쉬지 않으시며 일하신다. 그럼에도 우리가 바라고 원하는 시간에 하나님의 손길이 느껴지지 않아서, 때로는 내가 잘못해서 응답되지 않는 것 같고, 때로는 믿음이 연약해서, 더 많이 기도하지 않아서 거절하시는 것 같은 마음이 하나님을 오해하게 한다.

그러나 하나님은 한 번도 우리를 실망시키지 않으신다. 우리가 믿음으로 간절히 구한 것에 하나님은 반드시 응답하신다. 하나님의 선하신 방법대로, 가장 적절하고, 정확한 하나님의 시간에 우리를 감격하게 하신다.

윤식이와 신혜를 생각해 본다. 신혜는 모든 사람 앞에 사랑받고, 인정받고, 존중받는 아이로 자랐다. 신혜와 달리 윤식이는 나에게 많은 아픔과 눈물을 주며 자랐다. 그런데 지금까지 모든 것이 은혜였던 신혜는 별로 자랑할 게 없다. 하나님이 하신 일이기에. 반면 아픔과 고난투성이인 윤식이에 대해서는 자랑할 게 많다. 오직 예수 그리스도 십자가만 자랑해야 함을 알게 되었고, 고난이 사명임을 배웠기 때문이다.

지금 윤식이와 신혜는 하나님의 부르심에 각자가 천천히 걸어가고 있다. 앞으로 삶에 각자가 견뎌야 할 인내와 고난의 시간이 있을 것이다. 하지만 그 모든 것이 합력하여 선을 이루시는 하나님 손 안에 있기에 하나님을 신뢰하며 자녀들을 주님의 이름으로 사랑하고 축복한다.

세상의 자녀교육은 몇 가지 기준이 있다. 정확한 규율과 규칙, 일관성이 그것이다. 또한 자녀에게 요구하는 것도 있다. 그것은 자신의 감정과 자기를 적절한 때에 표현해야 하고, 자기의 인격과 권리가 무시당해서는 안 되며, 타인으로부터 존중받아야 한다는 것이다. 그리고 무조건 희생하고 사랑하기보다는 이성적이고, 논리적이어야 한다는 것이다.

세상 부모들은 이렇게 자녀들을 공부 잘하고, 똑똑하고, 자존감 높은 아이로 키워 놓아야 부모의 역할을 잘한 것처럼 생각한다.

이와 같은 것도 물론 중요하다. 그렇지만 이런 기준과 양육법은 한계가 있다. 그래서 신앙 중심으로 자녀를 양육해야 한다. 그러기 위해서 우리에게는 하나님의 지혜와 분별력이 필요하다. 또한 말씀이 기준이 되어야 하고 세상과 타협해서는 안 된다. 또한 엄마의 기도가 절실히 필요하다.

나는 자녀들이 하나님을 예배하고, 정직하고 겸손한 사람으로 키우고 싶어 참 수고하고 애를 썼다. 그런데 어느 날 하나님은 가인과 아벨의 제사에 대해 묵상하게 하셨다. 하나님은 가인의 길은 화(禍)이며, 그의 마음과 자세가 악하다고 하셨다. 그리고 자녀를 향한 내 마음과 행함이 선하다 할지라도 중심을 보시는 하나님은 미처 깨닫지 못하는 죄성, 교만함을 보게 하셨다. 또한 하나님보다 내가 중심이 되고, 내가 자녀를 향해 순간순간 하나님의 자리를 차지하고, 인정받고 싶어 하는 숨겨진 욕심을 회개하게 하셨다.

그래서 나를 깊이 들여다보았다. 자녀들을 향하여 내려놓을 수 있는 부분은 어디까지인가? 경제, 학력, 직업, 배우자(결혼)…. 부족하지만 이 부분은 하나님을 신뢰하며 조금은 순종하며 내려놓을 수 있을 것 같았다. 그렇지만 내려놓지 못한 깊은 내면의 두려움이 있었다. 신앙의 문제였다. 엄마가 가르치고, 말씀으로 양육하고, 본을 보여야 할 몫에 대한 것이었다. 자녀 양육은 부모의 사명이라 여겼기에 때때로 하나님보다 내 중심적이었다.

왜일까? 믿음이 세워지기까지 연단이 너무도 고통스러웠고, 말씀의 비밀과 하나님의 계획을 깨닫기까지 너무 긴 눈물의 시간이 있어서 그랬던 것 같다. 자녀들이 이 믿음을 누리기까지 내가 겪은 고통이 대물림될까 염려와 두려움이 있었다. 나는 하나님 앞에 솔직한 심정을 고백했다.

우리는 하나님 앞에, 때로는 사람들 앞에 신앙의 정답을 얘기하려 할 때가 있다. 하지만 하나님은 우리가 정직한 모습을 드러내길 원하신다. 그러므로 실수투성이인 모습, 상처받은 모습, 욕심 많은 모습, 누구보다도 인정받고 싶어 하는 모습 등 실제 모습을 하나님 앞에 내어 드려야 한다. 그러할 때만이 하나님은 모든 연약함을 덮어 주시고, 능력이 되신다.

나는 아이들을 양육할 때, 정직함, 약속의 중요성, 사람들에 대한 예의 등의 몇 가지 기준을 세웠다. 그리고 그 외에는 여유를 두었다. 하지만 너무 큰 실수를 한 것이 있다. 그것은 몇 가지에 해당하는 규칙이 내 욕심, 경험, 지식에 근거한 것이었다. 기도하면서 하나님께 묻고 한 것이지만, 이것마저도 깊은 영적 싸움과 연결될 때는 우리도 못 느끼는 작은 틈새가 생기고, 이것을 사탄은 이용한다. 나는 거기에 걸린 것이다.

그럼에도 엄마가 자녀의 영혼에 대해 끊임없이 기도하고 포기하지 않는 간절함이 있을 때, 하나님은 지혜를 허락하신다. 그리고 무조건적인 사랑, 격려, 지지, 훈계, 잘못한 것에 대한 체벌 등 수많은 수고가 쌓일 때, 역사가 시작된다. 3년 6개월 동안 내리지 않던 비가(한 번에 쏟아진 것이 아니라, 여섯 번 확인할 동안 아무것도 보이지 않던 것이) 일곱 번을 확인했을 때에야 사람의 손만한 작은 구름이 일어나는 것처럼, 이렇게 역사는 시작된다.

대부분은 자녀에게 변화가 쉽게, 단번에 일어나길 바란다. 그러나 때로는 내가 아팠던 시간만큼 시간이 필요한 것도 있다. 우리는 하나님 앞에 죄인이다. 우리 속의 죄성이 있음을 인식하고 인정해야 한다. 죄를 철저히 회개함으로, 정결케 하시고 자유하게 하시는 하나님의 은혜를 받고 누려야 한다. 그럴 때 자녀에게도 변화가 일어난다.

오래 전 윤식이와 관계 회복을 위해 울면서 기도할 때, 윤식이가 하는 대답이라고는 "아니.", "몰라.", "생각 안 하는데." "할 말 없어." 몇 마디가 전부였다. 그런데 지금은 30분, 1시간도 소통할 수 있게 되었다.

예전에 감사는 "이렇게 해 주셔서 감사합니다."였다. 더 나아가서는 "그럼에도 감사합니다."였고, 나중엔 감사의 기준이 얼마나 낮아졌는지 윤식이가 엄마 전화를 받아 주는 것만 해도 감사했다. 묻는 말에 대답을 해 주는 것만 해도, 예배를 못 드려도 술 마시고 늦은 시간에 집에 잘 찾아오는 것만 해도 감사하고 또 감사했다. 사실 예전엔 이러한 부분이 당연한 것이라고 여겼고, 감사 조건이라고는 생각하지 않았다. 그러나 이제는 모든 것에 감사하게 하시는 하나님께 진심으로 감사드리게 되었다.

하나님을 믿는 자들의 특권은 매사를 믿음으로 하나님께 맡기는 것이다. 어떠한 문제가 생기더라도 하나님의 분명한 선하신 뜻과 계획이 있기에, 믿음의 눈으로 순종하며 나아가면 되는 것이다. 문제가 문제인 것이 아니라 문제가 축복의 통로가 되는 것이다. 하나님을 만나는 은혜의 통로가 되는 것이다. 우리는 자녀교육의 기준이 하나님이요, 말씀이기 때문이다.

"코람데오"

하나님 앞에서의 신앙으로 살아간다면, 모든 상황 가운데서 참된 기쁨과 평안함을 누릴 것이다.

돌아보면 윤식이가 하고 싶고, 좋아하는 것 모두 재능

이 있었고, 지도자로부터 인정도 받았다. 그런데 자의든, 타의든 도중에 그만두게 되었다. 하나님은 윤식이가 중·고등학교에서 다양한 분야를 경험하게 하셨다. 이 기간동안 윤식이의 성품과 인격이 성숙해지며, 다듬어지는 과정이었으리라 믿는다. 하나님을 믿는 자녀에게 영성, 인성, 지성이 개발되며 성장하는 시기이기에, 이 모든 것까지 하나님이 사용하셔서 선을 이루시는 줄 믿는다.

하나님을 믿지 않는 자들은 모든 것을 자기의 힘과 노력으로 이루어야 한다. 자녀에게 문제가 있을 때, 때로는 세상의 자녀교육 전문가를 통해 솔루션을 듣는다. 그래서 "우리 아이가 달라졌어요"라고 한다. 오래 전, 이 프로그램을 보면서 '역시 전문가들의 해법이 있구나.' 생각했다. 많이 느끼고 배웠다. 그런데 궁금했다. 우리는 죄의 본성이 있는 사람들인데, 이 아이들이 5년, 10년 후에도 아무 문제없이 이렇게 잘 자라고 있을까? 아이들이 성장하는 과정에서 생기는 변화는 아주 많고 다양할 텐데, 그때마다 부모는 누구를 의지할까? 누구에게서 답을 찾을까?

여기서 그리스도인의 기쁨과 감격이 있다. 우리가 의지하고 답을 묻고 평안을 누릴 수 있는 길, 구원자 되시는 유일하신 예수 그리스도가 모든 인생의 정답이요, 위로요, 축복이기 때문이다.

다시 한 번 온전히 자녀들을 하나님의 손에 양도하고, 영적으로, 경제적으로, 정신적으로 독립시켜야 함을 느낀다. 자녀들의 참 부모이신 하나님 앞에 그들의 인생을 맡겨 드림이 참으로 위대한 복이며, 능력임을 새삼 깨닫는다. 이것은 오랜 세월 수많은 아픔과 눈물 속에 배운 진리다. 그러기에 이 사실을 마음판에 깊이 새겨본다.

나는 자녀에게 지금까지 선생님, 상담자, 친구의 모습으로 있었다. 하지만 나는 아들, 딸에게 이제 내가 해 줄 수 있는 것이 없다고 했다. 이제는 사랑하고 격려하고 응원하고 공감하는 엄마의 역할만 할 것이라고 했다. 인생의 인도자, 보호자는 하나님 아버지이시니, 이제 하나님께 묻고 구하고 하나님께 공급받아 살아가라고 했다. 그 길만이 제일 안전한 길이요, 복된 길이요, 생명의 길이기 때문이다. 우리에게 하나님이 계시다는 것이, 하나님이 아버지이심이 참으로 은혜다. 하나님 한 분만으로 충분하고 만족하고 행복하다.

자녀교육을 향한 열정과 노력이 있으면, 외형적으로 남부럽지 않은 자리까지 자녀를 키울 수도 있다. 하지만 그들의 영혼과 마음은 키워 주기가 너무 어렵다. 아니 할 수 없다. 오직 하나님만이 하실 수 있는 일이다. 그래야 영·혼·육이 건강한 자녀로 세울 수 있다.

이제 부모인 우리는 결단해야 한다. 하나님이 맡겨 주신 귀한 자녀들을 내 것이라 고집하지 말고, 내 방법과 지식으로 교육하려고 하지 말아야 한다. 하나님의 자녀를 잠시 맡겨 주셨으니, 성경대로 양육해야 한다. 하나님의 사랑으로 사랑하고, 축복의 언어로 천국을 이루어 가며, 하나님의 영광을 드러내는 귀한 자녀로 자라 가길 축복해야 한다. 이렇게 할 때 부모, 엄마라는 또 하나의 이름이 하나님 안에서 가장 아름답게 될 것이다.

하나님은 부모가 자녀를 통하여 하나님 아버지의 마음과 사랑을 배우길 원하신다. 그런데 크리스천 부모도 자녀에게 문제가 생겼을 때, 자녀에게 문제의 원인이 있는 것 같이 생각한다. 그렇지만 시간이 지나 되돌아보면 문제를 통해 온전하신 하나님의 뜻과 섭리를 발견하게 된다.

나도 아이들에게 문제가 생겼을 때, 하나님이 내게 맡겨 주신 자녀를 어떻게 하면 잘 키울 수 있을까? 아이들이 잘하고, 좋아하는 일이 직업이 되어 그 자리에서 행복하게 하나님의 영광을 드러내게 할 수 있을까? 참 열심히 찾고 구하고, 두드렸다. 진지하게 하나님께 여쭙는 시간을 가졌다.

그렇지만 돌이켜 생각하니 하나님께 질문은 잘했지만 내 열심과 열정의 속도가 앞서서 하나님의 방법과 시간에 맞지 않았던 때도 있었다. 그래서 더 힘들었다. 그런데 하나님 앞에 무릎 꿇고 난 후 윤식이의 문제는 윤식이의 것이 아니라 엄마인 나를 향한 하나님의 뜻을 발견하는 일이었음을 알게 되었다. 그 사실을 깨닫고 윤식이의 모든 과정이 참으로 놀라운 하나님의 은혜였음을 고백하게 되었다.

우리는 일상에서 말씀하시는 하나님을 민감하게 깨달아야 한다. 영적인 집중력을 발휘할 때, 생활 속에서도 말씀의 능력을 경험할 수 있다. 하나님은 자녀들의 순수한 영혼에도 말씀하시고, 느끼게 하신다. 부모에게만 말씀하시고 깨닫게 하시는 하나님이 아니시다. 그러므로 부모도 하나님의 말씀에 집중하되, 자녀도 생활 속에서 말씀하시는 하나님을 느끼도록 부모는 기도하며 도와야 한다. 부모와 자녀가 각자의 인생을 하나님께 맡기고, 하나님의 뜻에 따라야 한다.

과거의 나는 열심과 노력도 필요했고, 하나님도 필요했다. 삶 속에서 경험하며 지혜를 얻은 것처럼, 아이들 역시 스스로 경험하고 배워야 할 것이 있다. 그럼에도 나는 늘 정답을 미리 알려 주고 싶었다. 자녀들이 돌아가게 하고 싶지 않았고, 시간을 낭비하게 하고 싶지 않았다. 어쩌면 두 마리의 토끼를 한 번에 잡고 싶은 욕심이었다.

부모는 자녀에게 세상 교육뿐 아니라 신앙교육도 잘

해야 한다. 자녀들이 어려서부터 하나님의 말씀 안에서 신앙 훈련을 잘 받으면, 하나님이 성경을 통해 주시는 지혜로 아이들은 귀하게 세워져 갈 것이다. 부모는 자녀를 바라보며 조급한 마음에 서두르지 않아도 된다. 혹시 자녀들이 어렸을 때 부모가 이 부분을 놓쳤다면, 지금이라도 시작하면 된다. 나이와 상관없이 하나님 앞에 겸손하게, 부모가 아닌 엄마 혼자라도 그동안 하나님 앞에 말씀과 기도로, 예배자로 세우지 못했던 것을 회개하며, 하나님의 긍휼을 구하면 된다.

"하나님, 우리를 불쌍히 여겨주세요."

이러한 믿음의 기도가 있을 때, 하나님은 자녀를 반드시 변화시키며, 회복시키시는 은혜를 경험하게 하실 것이다.

아이들은 부모가 원치 않는 다양한 상황에 처할 수 있다. 그때 대부분 부모는 고통스러워한다. 하지만 그 시간이 하나님 보시기에 필요하고 자녀와 부모를 성숙하게 하는 과정이니, 두려워 말고 서두르지 말고 그 과정이 삶에 유익한 열매로 사용됨을 믿으면 된다.

결과도 중요하지만 과정을 통해 배우고 깨닫는 복음의 비밀은 매우 많다. 기도하는 법을, 하나님을 신뢰하는 법을, 성경의 진리 앞에 평안을 누리는 법을, 이웃을 사랑하는 법을 배우게 하신다. 그러니 그것이 가장 큰 은혜요, 축복이다.

솔로몬이 하나님께 지혜를 구하였고, 하나님은 '지혜는 곧 듣는 마음'이라 하셨다. 그런데 종종 자녀들을 향해 듣는 마음의 훈련이, 기다림의 훈련이 되지 않은 때가 있다. 따라서 부모는 자녀들의 마음의 소리를 들을 수 있는 지혜를 달라고 하나님께 기도해야 한다. 물론 쉽지 않다. 부모의 성품과 자아가 깨어져야만 들을 수 있는 부분도 있다. 자녀 마음의 소리를 듣지 못할 때 생각과 감정, 언어로 실수하기 쉽고, 욥의 세 친구처럼 듣기, 말하기에서 오히려 상처줄 때가 많다.

따라서 광야의 시간을 지나며 침묵, 거절, 외면당하는 것처럼 느껴지는 그때, 부모는 말씀과 기도로 듣기에 민감해져야 한다. 하나님 마음과 자녀들 마음의 소리를 듣는데 집중해야 한다. 현실에서도 세상 이론이 아니라, 예수님 사랑이 정답일 때가 많다. 그런 맥락에서 부모는 사랑과 이해, 공감에 대해 깊이 생각하고, 듣는 훈련도 꼭 해야 한다.

그것을 절실히 깨달은 나는 윤식이의 인생 속에서 철저하게 '내가'라는 주어를 뺐다. 그 바탕에는 당연히 하나님만 필요하고, 하나님만이 전부라는 고백이 깔려 있다.

나는 결혼 전부터 자녀교육에 관심이 많았다. 아이를 낳으면 말씀 안에서 잘 양육하여, 자기의 자리에서 선한 영향력을 발휘하는 존귀한 하나님의 일꾼으로 키워야겠다는 생각이 있었다. 그런 나를 누구보다 잘 아시는 하나님이 인생 속에 이론보다는 수많은 문제와 아픔 속에서만 배울 수 있는 겸손과 온유함, 하나님의 성품을 배우게 하셨다. 엄마인 내가 자녀를 키우는 것이 아니라, 하나님 자녀를 하나님의 계획과 방법대로 양육해야 함을 배워가게 하셨다. 그 과정이 때론 너무 힘이 들어 "하나님, 이제 그만요. 여기까지만요. 더는 못 하겠어요."라는 절규가 저절로 나왔었다.

한 단계, 한 단계 배우고 깨달아 감격의 시간을 맞기까지, 어떤 부분은 일주일, 한 달, 3개월, 6개월의 시간이 필요했다. 난이도에 따라서는 오랜 침묵과 묵상의 시간, 눈물과 두려움과 고독함 가운데 몸부림치는 시간을 감당해야만 했다. 하루아침에 이루어지는 응답이 아니기 때문이다.

이러한 상황 속에서도 하나님께 간절하게 구한 기도 제목이 있었다. 그것은 엄마로서의 영적인 권위다. 내 힘으로 어떻게 해보겠다고 구한 기도가 아니다. 가정에 하나님의 말씀이 무너지지 않기를 원하는 간절함에서 나온 것이었다. 윤식이가 내가 바라는 기준에서 본격적으로 이탈하기 전까지만 해도, 하나님은 내게 영적인 권위를 잃지 않게 하셨다. 엄마인 내가 철저하게 하나님을 신뢰하며 믿음으로 채워져, 사랑과 훈계를 하는 내 영을 자유케 하셨다.

그렇지만 하나님은 윤식이를 키우는 동안 난이도가 너무 높은 문제를 만나게 하셨다. 그래서 나는 밤새워 눈물로 산 나날이 참으로 많았다. 영적인 권위도 함께 곤두박질쳤다. 윤식이는 내게 너무 소중하고 귀한 보배였기에 하나님은 그런 아들을 통해 나를 철저히 훈련해 가셨다.

자녀도 부모를 떠나보내야 한다

신혜를 키우는 일은 윤식이가 공부가 되어 거저 키우게 하셨다. 짧고 굵게 가는 과정이 된 것 같다. 때론 덤으로 얻는 것도 많았다. 신혜의 이름은 외할아버지가 일주일동안 기도하시며 지어 주신 이름이다. 신혜는 어려서부터 사랑 그 자체였다. 마음이 예쁘고, 마음속에 하나님의 사랑이 가득 담겨 모두에게 기쁨이요, 행복이요, 말 그대로 축복의 통로였다. 그래서 내가 신혜를 축복의 통로라 불렀다. 줄여서 축통이. 윤식이의 이름은 예수님을 믿지 않던 시아버지가 작명소에서 큰돈 들여 지어온 이름이다.(나는 그 이름이 별로 맘에 들지 않았다. 지금이면 모든 것에 예수 이름의 권세와 자유함을 누렸을 텐데, 예전에는 그러지 못했다.) 나는 하나님께 물어 지은 이름인 '존귀한 자(줄여서 존자)'를 윤식이의 이름으로 불렀다.

신혜는 어려서부터 나에게 크게 혼나 본 적이 거의 없다. 웬만하면 대화로 모든 부분이 소통되었고, 무엇보다 신혜는 자기 관리를 잘했다. 그리고 나와도 무척 친밀했다. 모든 것이 소통되는 엄마와 딸의 관계다.

신혜는 외롭고 고단한 타국 생활 중에 하나님을 깊이 만났고, 하나님을 자신의 전부로 인정했다. 하나님을 의지하지 아니하고서는 견뎌 내기 힘든 시간이었기에 하나님 안에서 성숙하게 빚어져 갔다.

바이올린으로 인한 많은 고민으로 하나님께 묻는 시간이 반복되면서 결국 신혜는 한국으로 오게 되었다. 그리고 검정고시를 통해 대학교에 입학했다. 그때쯤 하나님은 나를 향한 계획을 이루어 가셨고, 신혜가 한국에서의 학교생활이 시작될 즈음 나는 옥천으로 내려오게 되었다.

신혜는 바이올린 때문에 나랑 많이 떨어져 있어야 했다. 그래서 엄마 곁에서 안정감을 누리며, 새로운 꿈을 향해 자신의 인생을 펼쳐 나가고 싶었을 것이다. 그런 신혜에게 나의 옥천행은 엄마를 누군가에게 빼앗긴 것 같았을 것이고, 윤식이 또한 다른 많은 사람에게 엄마를 양보해야 할 것 같은 마음이었을 것이다. 그렇지만 엄마를 자기네들만 소유할 수는 없다는 것을 알기에, 넉넉한 마음으로 나를 양보해 주었다.

상한 감정의 치유

옥천으로 내려올 때 윤식이와 신혜는 이렇게 말했다.

"엄마가 행복하다면 엄마가 하나님의 부르심에 순종하며 가야 하는 길이라면 진심으로 축복하며 보내 줄게."

이것이 하나님이 주신 마음이 아니면 어디서 나올 수 있을까? 예수님의 마음을 닮아 가는 아이들이 고맙고 자랑스러웠다.

이런 이유로 그동안의 수많은 날이 스크린처럼 지나며, 남매에 대한 미안함을 넘어 조금씩 죄책감마저 들기도 했다. 엄마이기 때문에 드는 마음이었을 것이다. 그래서 자녀에게 더욱 눈과 귀를 열었고, 그들에게 하나님이 보여 주시는 마음으로, 사랑으로 지냈다. 충분한 소통이 이루어지고 있었기에 겉으로 보기에는 아무런 문제도 보이지 않았다.

그렇지만 시간이 지남에 따라 신혜의 내면에 정서적인 문제가 드러나기 시작했다. 음악하는 사람들의 감성은 일반인보다 섬세한 편인데, 신혜도 크고 작은 스트레스에 예민했다. 그동안은 착한 성품의 신혜가 엄마를 위해 때론 기도하며 모든 감정을 참고 또 참아왔었다. 그러나 이제는 하나님이 치유와 회복을 이루시기 위해 상한 감정의 아픔을 드러내기 시작하신 것이다.

그래서 나는 신혜의 감정을 다루며, 하나님께 기도하며 지혜를 구했다. 신혜는 그동안 혼자서 얼마나 외롭고 힘들었을까를 생각하니 눈물이 계속 흘렀다. 미안하고, 아픔 가운데서도 이렇게 예쁘게 자라 준 것이 고마워서 또 울었다. 그렇게 눈물의 기도를 했을 때 하나님이 신혜의 상처를 싸매시고 마음을 안정시키시고 기쁨을 허락하셨다.

모든 일에 우리가 열심히 수고하고 힘써 뿌려야 할 씨앗이 참으로 많다. 그것이 버겁게 여겨질 때도 있다. 하지만 때가 차매 하나님이 자라게 하시고, 열매 맺게 하시기에 우리는 잠잠히 바라보며 따라가면 된다. 그때 놀랍게도 우리 입술의 언어가 바뀐다.

> 도가니는 은을, 풀무는 금을 연단하거니와 여호와는 마음을 연단하시느니라(잠 17:3).

감정을 드러내고 표현하는 것은 지극히 자연스러운 것이다. 하지만 어려서부터 감정 표현에 훈련되지 않은 아이들은 커서도 표현하는 것이 쉽지 않다. 특히 아픔과 상처, 고통 속에 자란 아이나 역기능 가정에서 자란 아이에게 이러한 모습을 많이 볼 수 있다. 우리가 느끼지 못하는 순간에도 언어와 환경 등 여러 가지를 통해 자녀는 감정과 마음에 상처를 받는다.

이때 하나님이 보여 주시는 지혜와 보혈의 능력으로 상한 감정이 치유되며 풀어져야 한다. 쓴 뿌리가 자리 잡지 못하도록, 마음에 단단하게 굳어지지 아니하도록, 즉시 치료해 주어야 한다. 아이들에게 문제가 생겼을 때 나 역시 감정에 사로잡혀 말하고 분노했다. 그럼에도 하나님은 기도하며 묻는 자에게 주시는 놀라운 은혜를 바로 깨닫게 하시며, 아이들에게 진심으로 엄마의 미성숙함을 사과하며 용서를 빌게 하셨다. 그렇게 했을 때 아이들의 마음은 건강해졌다.

내려놓기

신혜와 나에게는 바이올린이 서로에게 크게 자리 잡고 있었던 것 같다. 신혜는 힘든 상황에 어렵게 배우는 것이라 더 많이 노력해야 했고, 바이올린을 통해 하나님께 영광 돌리겠다는 비전이 여유와 자유를 누리지 못하게 하였다. 모든 것이 바이올린에 초점을 맞추게 되었다. 물론 전공을 하려면 더한 노력과 수고가 따르는 것은 당연한 일이다. 그러나 쉼을 통해, 자연을 통해 풍성한 감성을 키우는 것도 필요하다. 그렇지만 더 중요한 것은 하나님 아버지의 마음을 말씀과 기도 중에 섬세하게 깨닫고, 기쁨과 감사함으로 가야 한다. 목표를 향해서 나아가되, 행복함으로 즐기며 갈 때 더 풍성한 열매를 맺을 수 있다.

다행히 신혜가 독일에서 돌아오기 전, 우리는 하나님께 충분히 기도하며, 하나님의 선하심에 다음 과정을 맡기기로 했다. 하나님의 놀라운 계획은 신혜를 향해 한순간도 놓치지 않으시며 일하시는 하나님을 찬양하게 하셨다.

어느 날 신혜가 물었다.

"엄마, 아브라함이 아들 이삭을 제물로 바치기로 하나님께 순종한 것처럼, 하나님이 바이올린을 내려놓으라 하시면 엄마도 순종할 수 있어?"

그에 대한 나의 대답은,

"그럼, 순종해야지. 하나님은 선하시니까, 하나님을 신뢰하니까."

전에는 이런 고백을 할 수 없었다. 신혜가 바이올린에 전념하고 그 길로 가는 것이 하나님께 영광 돌리는 유일한 통로라 생각했었다. 물론 이것이 잘못된 것은 아니다. 하지만 하나님은 크신 하나님을 신뢰하며, 우리 모든 것을 하나님의 주권 앞에 내려놓기를 원하셨다. 바이올린보다 하나님이 먼저이다. 그래서 신혜에게 바이올린을 즐기라고 했다. 그 어떤 것에도 얽매이지 말고, 자유와 기쁨으로, 영으로 하나님을 찬양하라고 했다.

신혜는 바이올린을 통해 배운 것이 매우 많다고 하였다. 약속에 대한 성실, 인내, 집중력, 다른 사람들과의 하모니, 깨끗하고 순수한 영혼 등. 이것만으로도 하나님께 충분히 감사하며, 가장 귀한 열매를 맺었다고 생각한다.

하나님이 주신 은사와 달란트는 잘 개발해서 귀하게 쓰임 받고, 선한 영향력을 드러내야 한다. 하지만 부모가 자녀 양육을 하면서 민감하게 염두해야 할 것은 자녀는 하나님의 자녀라는 것이다. 그래서 성경적으로 자녀를 양육해야 한다. 우리 욕심과 목표가 기쁨과 자유함을 빼앗기지 아니하도록 해야 한다.

나는 이 부분 앞에 떳떳하지 못했다. 성경의 진리 위에 서지 못하고 내 경험과 노력으로 애를 써왔다. 이러한 방법은 어둠의 견고한 진을 무너뜨리는 데 힘을 발휘하지 못한다. 놀라운 하나님의 말씀이 임할 때 역사와 변화가 일어나는 것임을 너무 늦게 깨달았다. 흉내만 내는 모습에는 능력이 나타나지 않는다. 죄책감에서 오는 두려움과 염려는 기다림에 약하다. 상황이 길어지고, 앞이 보이지 않는 어둠에 놓일 때, 조급해지며 반복적으로 방법을 찾기에 급급해진다. 진리가 주는 자유함을 빼앗긴다. 이 모든 것을 제거할 수 있는 것은 오직 예수 그리스도의 거룩한 보혈뿐이다.

생명 언어

자녀를 향한 말에는 영혼을 살리는 생명 언어와 자녀의 영혼에 상처를 주는 사망 언어가 있다.

어린 소녀가 양손에 사과를 들고 있었다. 엄마는 제안했다.

"사과가 두 개니까 그중 하나는 엄마 줄래?"

그러자 이 소녀는 고개를 갸웃거리더니, 왼손의 사과를 한입 베어 물었다. 그리고 엄마를 빤히 바라보다가 이번에는 재빨리 오른쪽 사과를 베어 물었다. 엄마는 깜짝 놀랐다. 자기 아이가 이렇게 욕심이 많은 이기적인 아이였나 싶었다. 그런데 아이는 잠시 뒤에 왼손의 사과를 내밀며 이렇게 말했다.

"엄마, 이거 드세요. 이게 더 달아요."

이 아이는 절대로 욕심 많은 이기적인 아이가 아니라 반대로 나눌 줄 아는 사랑 가득한 아이였다. 하지만 만약 엄마가 양쪽 사과를 베어 무는 아이에게 곧바로 화를 냈다면 어떻게 되었을까?

"너는 왜 이렇게 이기적이니?"

아마 아이는 크게 실망하고 상처받았을 것이다. 섣부르게 판단하고 말하고 행동하게 되면 그 자리에 아픔과 상처가 남을 수밖에 없다. 조금만 더 기다려 줄 수 있는 것, 생명의 말을 하는 것, 그것이 사랑이다. 내 자녀일지라도 무례하게 대해서는 안 된다. 사랑은 오래 참고, 온유하며, 친절한 것이다. 부모는 자녀들의 마음, 인격, 모든 것을 존중해 주어야 한다.

나의 어머니는 신명기 말씀을 자주 들려 주셨다.

> 네가 네 하나님 여호와의 말씀을 삼가 듣고 내가 오늘 네게 명령하는 그의 모든 명령을 지켜 행하면 네 하나님 여호와께서 너를 세계 모든 민족 위에 뛰어나게 하실 것이라(신 28:1).

나 역시 자녀에게 매일 하나님의 말씀을 들려 주었다. 하지만 엄마인 나에게 말씀이 육신이 되지 못할 때, 말씀이 삶에 증거가 되지 못하면서 아이들에게 말씀을 강요할 때, 자녀들은 말씀에 거부감을 느꼈다. 부모는 자녀들의 거울이다. 부모의 삶이 예수 그리스도의 향기를 드러낼 때, 자녀들은 우리의 삶을 보고 예수님을 만나며, 믿음이 자라기 시작

한다.

그러므로 부모는 자녀에게 신앙생활의 본이 되어야 한다. 기도를 쉬는 죄를 하나님께 짓지 말아야 한다. 각자의 삶의 자리마다 기도로 무장하여야 한다. 가정을 무너뜨리고, 자녀를 죄의 길로 미혹하는 악한 영을 대적하며, 기도의 골방을 지켜 내는 부모가 되어야 한다. 자녀의 주인은 하나님이심을 믿음으로 선포해야 한다. 그래서 은밀한 중에 보시고 갚아 주시는 하나님의 놀라운 비밀의 은혜를 자주 경험해야 한다.

돌아본다. 하나님은 사랑하는 우리 자녀들을 키우셨다. 그리고 부족한 나를 하나님의 사람으로 키우시기 위해, 때로는 돌아가신 시아버지, 아이들 아빠, 윤식, 신혜를 통해 뼈아픈 눈물을 흘리게 하셨고, 못난 자아를 깨뜨리셨다. 영적 교만을 꺾으시어 겸손하게 하셨으며, 하나님과 이웃을 사랑하는 법을 배우게 하셨다.

전에는 그들이 원망의 대상이고, 고통의 원인으로 인식되었는데 지금은 그렇지 않다. 오히려 감사한다. 나 때문에 그들이 얼마나 힘들었을까를 생각하니 미안하기도 하다. 그래서 그들을 위해 기도하게 된다. 이제 이후로 하나님의 사랑을 덧입은 자들로 이웃을 섬기고 사랑하는 일에 귀하게 사용되길 진심으로 축복한다.

어느 날, 윤식이가 물었다.

"엄마, 나는 10년 후에 어떤 모습으로 있을까?"

그때 나는 믿음으로 대답하고 선포했다.

"하나님의 나라와 의를 위하여 한 손에는 복음을, 한 손에는 빵을 들고 멋지게 선교하고 있을 거야."

이제 사랑하는 자녀가 아브라함의 하나님, 이삭의 하나님, 야곱의 하나님에서 윤식이와 신혜의 하나님으로 모시고, 그들이 만난 자신의 하나님을 고백하며, 선포하는 삶을 살아가길 기도한다. 자녀의 인생을 이끄시는 하나님이 지금까지 배우고 경험한 모든 것을, 때론 낭비한 것 같은 시간과 물질까지도 합력하여 선을 이루시며 귀하게 사용하심에 감사를 올려 드린다.

> 하나님께서 지으신 모든 것이 선하매 감사함으로 받으면 버릴 것이 없나니 하나님의 말씀과 기도로 거룩하여짐이라(딤전 4:4-5).

마지막으로 사랑하는 자녀에게 하나님의 귀한 말씀을 선물로 주고 싶다.

인자와 진리가 네게서 떠나지 말게 하고 그것을 네 목에 매며 네 마음판에 새기라 그리하면 네가 하나님과 사람 앞에서 은총과 귀중히 여김을 받으리라. 너는 마음을 다하여 여호와를 신뢰하고 네 명철을 의지하지 말라. 너는 범사에 그를 인정하라. 그리하면 네 길을 지도하시리라(잠 3:3-6).

글을 마치며

오래 전부터 막연하게 글을 쓰게 될 것이라는 생각을 주셨다. 그때마다 나는 거부하기만 했다.

"제가 어떻게요?"

꿈도 꿀 수 없는 생각이었다.

3년 전, 존경하는 김정선 교수님이 하신 말씀이 생각난다.

"사모님, 사모님의 인생을 조금씩 글로 써 보시면 좋을 것 같아요. 다른 사람들과 함께 은혜도 나누며, 위로받으면 좋지요."

그전에도 다른 분들을 통하여 세 번이나 권면을 받았지만 자신이 없어 미루었다. 하지만 교수님을 통해 다시 권유받았을 때는 하나님의 메시지로 들렸다. 순종해야 할 것 같은 마음이 들어 알겠다고 했다. 그렇지만 조금 쓰고 6개월 쉬고, 조금 쓰고 1년 쉬고 그러다 아주 쉬고 있었다. 그러다 3년 만에 다시 글을 쓰게 된 계기가 있었다.

이유 없이 몸에 이상 신호가 왔다. 소화불량인듯 가슴이 답답하고 숨 쉬기 어려웠다. 주일 새벽 3시, 땀을 흘리며 잠에서 깼다. 급히 응급실을 향했다. 몇 가지 검사 후, 약을 타서 집으로 왔다. 괜찮으려니 했다. 그래서 주일예배를 드렸다.

다음날 새벽 2시, 전날과 같이 식은땀을 흘리며 깨었고 다시 응급실로 갔다. 체한 증상은 없었고, 단지 속이 불편하고, 가슴이 답답했다. 그렇게 시작되어 결국 입원까지 하게 되었다. 여러 가지 검사를 했지만, 별다른 이상 소견은 없었다.

그런데 나는 알 수 있을 것 같았다. 하나님은 나로 하여금 삶을 점검하고, 그동안 미루어 왔던 글을 쓰기 원하셨던 것이다. 즉시 순종하기로 하고 입원 중에 목사님께 쓰던 노트를 갖다 달라고 해서 쓰기 시작했다. 그렇게 한 달 반 만에 질병에서 놓임 받게 하셨다.

삶이 책으로 나오는 과정을 생각했을 때 너무 막막했다. 그래서 그때부터 기도했다.

"하나님, 제가 정말 저의 삶을 풀어 놓기 원하신다면, 제 곁에 삶을 글로 써서 책을 만들어 줄 수 있는 분을 만나게 해 주세요."

하나님은 그러한 기도까지 들으시고 한 사역자를 붙여 주셨다.

이 일을 통해 인생을 돌아볼 뿐 아니라, 삶에 응어리들이 풀어지고, 겸허하게 인생 앞에, 하나님 앞에 독대할 수 있는 귀한 시간을 갖게 되었다. 부족하기만 한 인생도 새롭게 하셔서 하나님의 사람으로 세우시고 사용하시는 하나님의 은혜에 감사한다.

하나님께 헌신하기로 10대에 결단했지만, 오랜 시간을 돌고 돌았다. 그렇지만 하나님은 내 손을 놓지 않으시고, 다시 인생 후반에 이 자리에 불러 주셨다. 그동안 하나님 앞에 너무 죄송한 마음뿐이었는데, 이 간증을 통하여 그 크신 하나님의 은혜와 사랑에 조금이라도 보답할 수 있는 것 같아 감사할 따름이다.

사진

p.18 아버지가 처음 백학교회에 부임했을 때

p.18 아버지는 농촌을 살리고자 농촌지도자교육에 열심이셨다.

p.18 가나안농군학교 교육을 접목하여 새로운 농촌 사업을 제시하였다.

p.18 새로운 농촌 사업을 할 때 교회 청년들_오른쪽 이남용 장로님

p.19 백학교회 성전 공사 1

p.20 백학교회 성전 봉헌 예배

p.20 백학교회 성전 공사 2

p.21 마을 어르신들을 초청해 맛있는 식사를 대접한 백학교회

p.22 교회 올라가는 길, 성도들과 함께 눈을 치우는 아버지

p.26 새 성전 앞에서

p.27 아버지는 강아지에게도 사랑을 아끼지 않으셨다.

p.27 성전 건축 후 가족과 함께

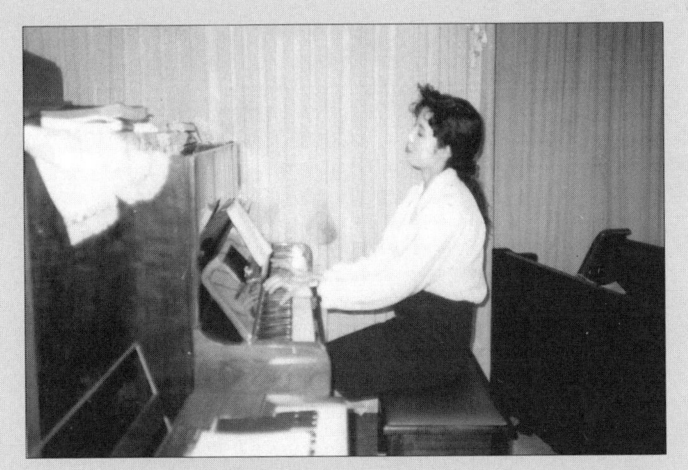

p.29 20대, 항상 반주로 봉사하던 시절

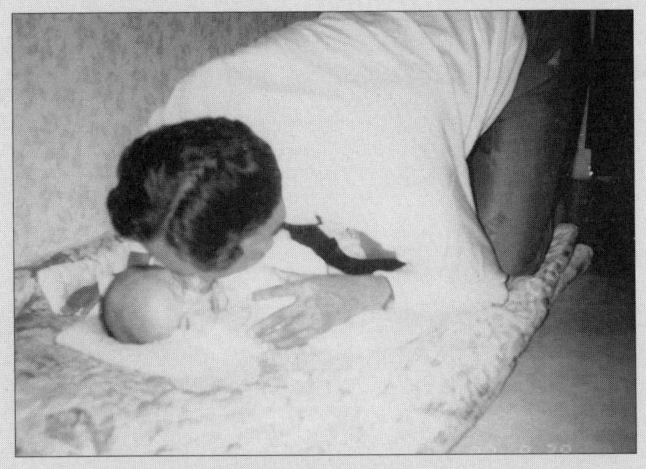

p.36 1차 수술을 마친 윤식을 축복하며 기도해 주시는 아버지

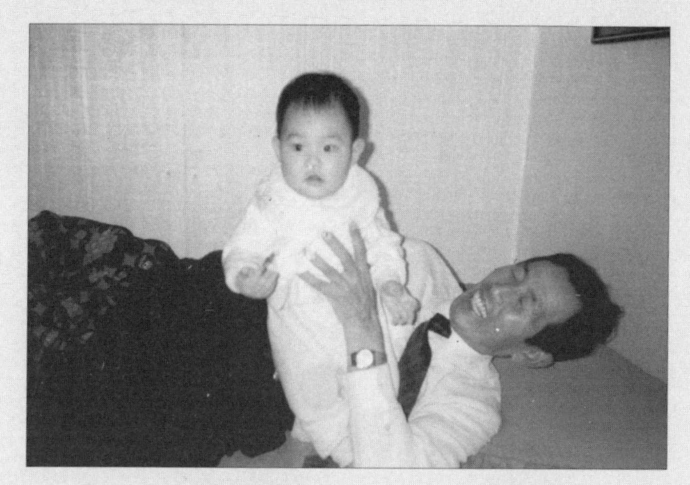

p.38 윤식을 바라보며 언제나 행복해하셨던 아버지

p.39 수요일 저녁 혼자 자다가 울면서 맨발로 예배당을 찾아왔을 당시 윤식 모습

p.41 날마다 어린 윤식에게 성경을 읽어 주었다.

p.41 윤식, 신혜와 행복했던 시간

p.41 외할아버지의 사랑을 듬뿍 받으며 자란 윤식, 신혜

p.43 어려서부터 피아노를 좋아하던 신혜

p.43 피아노학원에서 엄마와 신혜

p.65 윤식은 초등학생 때 트럼펫으로 음악경연대회에 나갔다.

p.67 신혜는 바이올린으로 음악경연대회에 나갔었다.

p.67 엄마는 피아노, 신혜는 바이올린으로 언제나 함께